NOUVEAU TOUR
DU MONDE D'UN ÉCOLOGISTE

Les ouvrages de Jean-Marie Pelt
sont cités en fin de volume

Jean-Marie Pelt
avec la collaboration de
Franck Steffan

Nouveau tour du monde d'un écologiste

Fayard

À mon fidèle ami et complice Denis Cheyssoux. Depuis plus d'une décennie nous assurons la « chronique écologique » de France Inter, entretenant ainsi la mobilisation des opinions publiques, des associations et des élus sur les grands thèmes écologiques : protection de la planète et des hommes qui l'habitent sans oublier les générations futures.
En toute fidèle et chaleureuse amitié, avec toute mon admiration pour son immense talent d'homme de radio.

J.-M. P.

EN GUISE D'INTRODUCTION

Qu'est-ce que l'écologie ? Une science, un mouvement d'idées, une stratégie politique ? Tout cela, assurément, car ce mot, inconnu du public jusqu'au tournant des années 70, a connu depuis lors une vogue extraordinaire. Mais, dans l'acception scientifique du terme, l'écologie est avant tout une sous-discipline de la biologie, définie par le zoologiste allemand Haeckel en 1866 comme étant l'étude des interrelations des êtres vivants avec les milieux qu'ils habitent. C'est par extension que l'écologie couvre aujourd'hui un très vaste domaine englobant la protection de ces milieux, donc de la nature, ainsi que celle de l'homme et de sa santé, cet homme que Haeckel n'avait pas inclus dans sa définition première.

Cet ouvrage vise à offrir au grand public une défense et illustration de ce mot « écologie », si souvent employé mais dont le sens reste encore confus pour beaucoup. Ce sens apparaîtra plus clairement à l'issue de la présentation d'exemples choisis sur l'ensemble de la planète, ainsi que je l'avais fait dans un précédent ouvrage, *Le Tour du monde d'un écologiste*, paru en 1990.

Il s'agit bien ici d'un nouveau tour du monde mettant en scène une série d'exemples, chacun contribuant à mieux faire comprendre ce terme d'« écologie » si utilisé aujourd'hui. Un vocable qui renvoie à un concept fondamental : celui d'*écosystème*. Un écosystème est un milieu où vivent de nombreuses espèces animales, végétales et microbiennes en étroite interrelation les unes avec les autres. Ces écosystèmes, milieux vivants divers et complexes, sont l'unité de base de l'écologie. Aussi examinerons-nous leur nature, leur fonctionnement, leur dynamique, mais également leur fragilité et l'impérieuse nécessité de les protéger. Tel est le plan adopté pour ce livre.

PREMIÈRE PARTIE

Tenerife : la planète en miniature

la zonation des écosystèmes

CHAPITRE PREMIER

OBJECTIF TERRE

Vicky revient d'un long voyage au-delà des confins du système solaire. Nulle part il n'a rencontré de trace de vie, et moins encore de planète habitée. La Terre serait donc le seul berceau de la Vie, la seule oasis de l'Univers ? Certes, il faudrait aller plus loin encore au cœur de la galaxie, puis vers d'autres galaxies pour en être tout à fait sûr... Mais de tels voyages sont hors de portée ; en tout cas, pas pour demain.

Au loin une étoile grandit, se rapproche ; elle n'est encore qu'un point extrêmement lumineux dans le noir absolu, piqueté d'étoiles, du vide interstellaire. C'est le Soleil. Le vaisseau spatial est à 8 milliards de kilomètres de lui. Il entre dans la ceinture de Kuiper, zone à risques où gravitent des nuées d'astéroïdes et où la rencontre impromptue avec l'un d'eux ne manquerait pas de le fracasser. Fatal aussi serait un impact avec Quaoar, Ixion ou Sedna, objets célestes dont la taille inférieure à celle de Pluton leur interdit de briguer le titre de planète à part entière.

Le vaisseau spatial de Vicky franchit sans encombre, en direction du Soleil, les 3 milliards de kilomètres de la ceinture de Kuiper et arrive en vue de Pluton. Vu d'ici, le Soleil n'est encore qu'une très grosse étoile tout juste capable de distiller une faible lumière crépusculaire sur Pluton que Vicky frôle à bord de son bolide. Pluton, la dernière planète du système solaire, est flanquée de son satellite Charon : un satellite glacé, presque collé à lui, suspendu dans le ciel de la planète comme un énorme globe. Le Soleil est encore à plus de 5 milliards de kilomètres et la température au sol ne grimpe jamais au-delà de – 220 °C.

Mais, tandis que Pluton et Charon déjà s'éloignent, Vicky approche de Neptune, à 4,5 milliards de kilomètres du Soleil ; celui-ci n'est toujours qu'un très gros point lumineux, éblouissant, dans le ciel. L'immense planète bleue, Neptune, flanquée de son satellite Triton, possède une épaisse enveloppe d'hydrogène, d'hélium et de méthane, ce dernier gaz lui conférant sa splendide robe marine. Mais si Neptune porte le nom du dieu de la Mer, elle ne comporte pas pour autant d'eau à l'état liquide. Des vents violents la parcourent, soufflant jusqu'à 2 000 km/h.

Tandis que déjà Neptune se perd dans la nuit éternelle du cosmos, voici qu'approche une autre planète bleue, à 2,8 milliards de kilomètres du Soleil ; une planète géante, comme Neptune : Uranus. Comme elle, Uranus est un monde essentiellement gazeux composé d'hydrogène, d'hélium, de méthane et d'ammoniac. Elle est escortée d'un riche cortège d'une quinzaine de satellites et présente l'étrange particularité de rouler autour du Soleil comme un tonneau et non pas comme une toupie, à l'instar de toutes les autres planètes.

À 1,4 milliard de kilomètres du Soleil apparaît Saturne, majestueuse et nimbée de ses fameux anneaux. D'un diamètre dix fois supérieur à celui de la Terre, le globe de cette planète gazeuse tourne sur lui-même en à peine plus de dix heures. Très peu dense, Saturne pourrait flotter sur l'eau s'il existait un océan assez grand pour la recevoir... Ses anneaux, formés de poussières de glace et de roche, sont étonnamment minces : leur épaisseur varie de 100 à 1 000 mètres. (Du moins aux dernières nouvelles, car Saturne vient d'être visitée par la sonde Cassini-Huyghens.) Pas moins de trente et un satellites orbitent autour de la planète, parmi lesquels Titan est de loin le plus impressionnant. Le plus mystérieux, aussi, depuis qu'il nous a livré des vues étrangement nettes de sa surface où l'eau est remplacée par du méthane liquide.

Le Soleil n'est plus qu'à 780 millions de kilomètres et apparaît maintenant sous la forme d'un petit disque lumineux. Vicky approche de la banlieue de Jupiter. Jupiter est la plus grosse, la plus majestueuse des planètes ; sa masse est 318 fois supérieure à celle de la Terre, mais plus de mille fois plus faible que celle du Soleil qui, encore lointain, ne lui envoie qu'une chaleur chichement mesurée. À la surface de l'astre il fait froid : – 120 °C. L'atmosphère, dépourvue d'oxygène, est naturellement irrespirable, et malheur à l'astronaute perdu qui s'approcherait de cet astre et qu'emporteraient aussitôt d'effroyables rafales comme un fétu pris dans un cyclone ! Monde de fluides, de turbulences et de nuées, Jupiter arbore en particulier sur sa peau une grosse tache rouge, qui n'est autre qu'un immense ouragan. Sur l'énorme masse de la planète se découpe comme une bille l'un de ses satellites, sans doute le plus original de tout le système solaire : Io. Sur Io, d'innombrables volcans éructent de prodigieux panaches de gaz et de poussières qui recouvrent le sol de sédiments soufrés jaune orangé et rouge. Gros comme la Lune, Io est un satellite en pleine activité, sans doute l'un des astres les plus jeunes du système solaire.

Une fois franchie sans encombre la ceinture des astéroïdes – ces rochers flottant dans l'espace entre Jupiter et Mars –, voici enfin la planète dédiée au dieu de la Guerre, à 227 millions de kilomètres du Soleil – un Soleil qui revêt désormais une taille comparable à celle que nous lui connaissons sur Terre. Mars est un immense désert de sable et de roches figé dans une immobilité glaciale, baigné par une atmosphère aussi impalpable qu'irrespirable. La température n'y dépasse pas 0 °C en milieu d'après-midi. Comme la Terre, Mars possède des calottes polaires qui régressent jusqu'à disparaître en été mais qui grandissent en hiver. Mars a-t-elle connu jadis des formes de vie primitives ? De l'eau, semble-t-il, coulait en effet à sa surface. La Nasa finira bien par répondre à cette question cruciale qui mobilise l'essentiel de ses énergies et de ses recherches [1].

Laissant de côté cette planète rouge, Vicky s'élance vers la Terre, frôle notre satellite et découvre l'image grandiose de notre planète bleue suspendue dans l'infini du ciel. Voici enfin l'oasis de l'Univers, la seule planète connue qui ait engendré la Vie, berceau et unique habitat de l'humanité, lancée comme un vaisseau spatial sans autres ressources que celles qu'elle porte depuis son origine – des ressources que l'homme a déjà fortement entamées et qu'il doit désormais ménager au profit des générations futures.

La Terre, notre planète, notre maison, notre patrie bien-aimée ! Vicky dirige son vaisseau

1. Ce voyage de Vicky est bien entendu une pure fiction, l'alignement de toutes les planètes sur un même axe étant un événement extrêmement rare que mit cependant à profit un engin spatial, Pioneer 10, pour les visiter toutes, sauf Pluton.

sur l'Atlantique d'où émerge une haute montagne : le pic de Teide, dominant de ses 3 718 mètres l'île de Tenerife et tout l'archipel des Canaries. Il survole le sommet du volcan, immobilise son vaisseau et se laisse descendre en parachute au centre du cratère.

Ce cratère a la forme d'un hémisphère d'un peu moins d'une centaine de mètres de diamètre. Tous les vents de l'Atlantique semblent s'y être donné rendez-vous. Des vents glacials : quiconque ne prend pas la précaution de mettre des gants y attrape bien vite une onglée. Certes, il y a moyen de se réchauffer les doigts en les introduisant dans les minuscules orifices d'où s'échappent des fumerolles jaunâtres et brûlantes. Si vous collez l'oreille à l'une de ces anfractuosités, vous entendez comme un gargouillis provenant du ventre de la Terre : le volcan est toujours en activité, même lorsqu'il est calme. Ces fumerolles déposent des traces de soufre d'un beau jaune vif. En hiver, la neige recouvre le cratère, mais de bien singulière manière : elle ne persiste que sur les zones les moins chaudes, fuyant les orifices à fumerolles. En résulte une étrange structure en mosaïque ou en tuyaux d'orgue, la neige persistant là où le sol est le moins chaud. Entre ces micropics enneigés, elle a fondu, vaincue par la chaleur du substrat.

Bref, les quatre éléments se donnent ici rendez-vous : la terre, littéralement le ventre ouvert ; le feu intérieur qui se signale par ces fumerolles brûlantes ; l'eau sous forme de neige ; l'air, agité par des vents d'une extrême violence.

Pas un arbre, pas un arbuste, pas une herbe n'oserait s'aventurer jusque-là ! Hormis une petite graminée pointant par endroits et dont les graines sont parvenues là on ne sait trop quand. D'étranges mucosités verdâtres collent au sol, poussant l'audace jusqu'à défier les fumerolles dont elles ne craignent pas de s'approcher au plus près. Ces mucosités, ce sont des cyanophycées, plus couramment appelées algues bleues, qui comptent parmi les êtres vivants les plus anciens et qui furent parmi les premiers, il y a 3,5 milliards d'années, à coloniser une planète qu'un intense volcanisme rendait infiniment plus impétueuse et tumultueuse qu'aujourd'hui.

Nous avons donc ici un saisissant raccourci de ce que fut notre monde aux origines de la Vie. Une planète aujourd'hui bien plus paisible, riche d'une grande diversité d'espèces et de milieux, dont l'île de Tenerife offre un éventail impressionnant. Tenerife est une sorte de planète miniature. Un voyageur pressé de découvrir en un minimum de temps la plupart des formations végétales du globe trouverait, en parcourant l'île en quelques heures, leurs principaux représentants, sous forme certes souvent simplifiée comme il convient à des modèles réduits.

Tenerife est l'île la plus vaste de l'archipel, qui en compte sept. Elle a en gros la forme d'un jambon dont le gras serait au sud et l'os au nord. Sa superficie représente à peu près la moitié de celle d'un département français et égale approximativement celle du grand-duché de Luxembourg. Mais, avant de la parcourir, faisons d'abord connaissance avec l'archipel de rêve dont elle fait partie.

CHAPITRE 2

LES ÎLES DU PERPÉTUEL PRINTEMPS

Les îles Canaries ont surgi de l'Océan à la suite d'éruptions volcaniques survenues à la fin de l'ère tertiaire. Elles ont curieusement émergé en chapelet, les unes après les autres, d'est en ouest. Les premières sont les plus proches du continent africain : Lanzarote et Fuerteventura, surgies il y a 30 millions d'années. Vint ensuite la Grande Canarie, il y a 19 millions d'années, puis Tenerife, il y a 17 millions d'années. Quant à la dernière venue, Hierro, la plus occidentale, elle aurait surgi il y a seulement 2 millions d'années. Il n'est pas inconcevable que ce mouvement se poursuive et que surgisse tôt ou tard une huitième île, à l'ouest de La Palma et de

Hierro, les îles les plus éloignées de la côte africaine.

La configuration géologique de ces îles reflète cette zonation de leur irruption au fil du temps. Tenerife et la Grande Canarie sont visiblement moins érodées, parce que plus récentes, que Lanzarote et Fuerteventura aux altitudes beaucoup plus modestes.

Lorsque les Européens débarquèrent sur ces îles, ils y découvrirent des populations spécifiques, différentes d'une île à l'autre, car il semble bien qu'aucune communication par mer n'ait été alors pratiquée par ces autochtones. Les ancêtres de ces premiers habitants paraissent avoir été des immigrés d'Afrique du Nord, de race berbère, installés là depuis environ cinq mille ans. Plusieurs groupes ethniques se formèrent d'une île à l'autre, sans qu'il y ait aucun contact entre eux. Les Guanches, très grands, aux yeux clairs et à la chevelure blonde ou châtain, proches du type de Cro-Magnon, occupaient exclusivement Tenerife. C'étaient des pasteurs possédant moutons, chèvres et cochons, mais ils cultivaient aussi l'orge et le blé dont ils grillaient les grains pour faire une farine. Lorsque, à la Renaissance, les Européens atteignirent les Canaries, ils découvrirent des hommes restés à l'âge néolithique : ignorant le travail du métal, ils en étaient encore au stade de la pierre taillée et vivaient en communauté tribale, chacune gouvernée par un petit roi, le *menseyes*. L'absence totale de communications par voie maritime avec l'Afrique avait isolé ces populations qui vivaient en complète autarcie et en troglodytes dans des grottes ; ils adoraient le Soleil, la Lune, et pratiquaient le culte des morts. Les cadavres étaient ensevelis au fond des grottes après avoir été desséchés au soleil et momifiés un peu à la manière égyptienne. La présence de nourriture et d'outils autour d'eux laisse penser que les Guanches croyaient à une vie après la mort.

Pour les peuples de l'Antiquité, les îles Canaries étaient peut-être ces mystérieux Champs-Élysées qu'Homère, dans *l'Odyssée*, situe « tout au bout de la Terre » et qui accueillaient l'âme des morts vertueux. Ou ce fameux Jardin des Hespérides où se conservaient les pommes d'or gardées par un monstre qu'Hercule parvint à terrasser – des pommes qui n'étaient certes ni des pommes ni des oranges venues bien plus tard d'Asie, mais peut-être les fruits de l'arbousier des Canaries, plus gros que ceux des arbousiers d'Europe méditerranéenne. Mais nous sommes là dans de pures spéculations...

Ces îles étaient perdues sur la mer ténébreuse, loin au large des Colonnes d'Hercule, c'est-à-dire de Gibraltar que l'on considérait comme la fin du monde civilisé. Elles apparaissaient comme un Éden perdu parmi cette mer immense et inconnue où rares étaient ceux qui osaient s'aventurer. Pline, qui en a eu connaissance, écrit à propos du Teide : « Il y a dans l'océan un mont appelé Atlante, conique et si élevé que l'on n'aperçoit pas son sommet. » Ces informations provenaient des rares explorateurs et visiteurs phéniciens ou carthaginois qui avaient osé naviguer jusque-là. Quant aux Romains, ils ne s'y aventurèrent, semble-t-il, jamais, laissant au roi de Mauritanie la charge d'y organiser une expédition dont les informations furent ensuite communiquées à Pline.

Les Canaries sont aussi au cœur du mythe de l'Atlantide, ce continent fantôme englouti auquel des milliers d'ouvrages ont été consacrés, de Platon à Pierre Benoit. On sait aujourd'hui que ce continent n'a jamais existé et que l'Atlantique résulte de la dérive des continents qui sépara il y a 130 millions d'années l'Amérique de l'Afrique.

À la fin du Moyen Âge, les Canaries entrèrent dans le giron européen. La conquête de Tenerife ne se fit pas sans mal : ce fut la dernière des îles à rendre les armes. Alonso Fernandez de Hugo, chef de guerre andalou, se présenta devant Santa Cruz de Tenerife avec quinze bateaux, au matin du 1er mai 1494. C'était l'avant-veille de la fête de la Sainte-Croix, d'où le nom de Santa Cruz donné à la capitale de l'île. L'épopée américaine de Christophe Colomb remontait à deux ans. Effrayés, les Guanches organisèrent la résistance contre ces « maisons maritimes » et finirent par l'emporter sur les Espagnols qui perdirent 1 800 soldats. Mais ceux-ci revinrent moins de deux ans plus tard et infligèrent cette fois aux Guanches une sévère défaite – définitive, celle-ci – le jour de Noël 1495. La conquête des Canaries s'achève en 1496 et les *menseyes* sont présentés aux rois catholiques. Près d'un siècle s'est alors écoulé depuis une première tentative d'implantation par le Normand Jean de Béthencourt.

Christophe Colomb visite à plusieurs reprises l'archipel où il fait de nombreuses escales. Mais la possession des îles est très disputée par les puissances européennes, et les Anglais tentent de s'approprier Tenerife contre laquelle Nelson lance, en 1797, une attaque après plusieurs autres tentatives infructueuses. Ce fut sa première défaite. Elle lui coûta son bras droit, emporté par un boulet de canon – un boulet particulièrement dévastateur puisqu'il tua par la même occasion douze hommes de l'armée de Sa Très Gracieuse Majesté. Cela n'empêcha pas Nelson, quelques années plus tard, de nous infliger la tragique défaite de Trafalgar. Ce qui explique pourquoi Trafalgar Square et Waterloo Station n'ont pas d'équivalents de ce côté-ci de la Manche : victoires d'un côté du Channel, défaites de l'autre.

Mais c'est en 1799, avec Alexander von Humboldt, que les Canaries entrèrent dans l'histoire moderne – dans l'histoire naturelle, certes, mais aussi dans celle du tourisme international. Car chaque jour un ballet incessant d'avions déverse désormais des flots de touristes sur l'aéroport international de Tenerife, situé au sud-ouest de l'île, en bordure de mer, dans une zone très aride où les hôtels ont poussé comme des champignons. Ils sont chaque année des centaines de milliers à venir chercher ici en toute saison un climat clément et les eaux tièdes de l'Atlantique.

Situées à quelques centaines de kilomètres au large du Sahara, sur le 28e parallèle, approximativement à mi-chemin entre Madrid et Dakar, ou entre Paris et l'Équateur, les îles Canaries et Tenerife en particulier jouissent d'un perpétuel printemps. Les masses océaniques tièdes qui les encerclent leur évitent toute offensive intempestive du froid ou de la chaleur. Les touristes n'ont jamais vraiment trop chaud aux Canaries, fût-ce en juillet-août ; rien, en tout cas, qui pourrait ressembler aux effrayantes températures, dépassant les 50 °C à l'ombre, de l'Arabie, de l'Irak, de la haute Égypte ou des déserts d'Arizona ; rien non plus qui évoquerait les moiteurs équatoriales diurnes et nocturnes de l'Amazonie ou de l'Afrique chaude. En été, il y fait rarement plus de 24 °C au niveau de la mer, beaucoup moins qu'à Paris ; en hiver, c'est l'inverse : le touriste se baigne en janvier à des températures qui descendent rarement en dessous de 16 °C. Sous les vents alizés, les variations de températures restent modestes et s'inscrivent dans une fourchette qui n'a rien de commun avec celles que nous connaissons. L'archipel bénéficie d'un climat subtropical régulier et doux sur toute l'année. Les Canaries sont la destination la plus proche de l'Europe où l'on puisse se baigner à Noël.

Mais comment, dira-t-on, trouver sous un climat aussi égal des formations végétales multiples et diversifiées évoquant comme dans un microcosme la plupart des formations végétales de ce macrocosme : la planète entière ? Tout simplement parce qu'il suffit de s'élever jusqu'au sommet du Teide, qui domine ces sept îles et représente le point culminant d'Espagne, avec ses 3 718 mètres, pour traverser toute une série de zones climatiques variant avec l'altitude, la température s'abaissant jusqu'au froid sibérien du climat de haute montagne. Ainsi, en parcourant la petite soixantaine de kilomètres qui sépare l'aéroport international du sommet du Teide, voit-on défiler une extraordinaire variété de sites et de paysages.

CHAPITRE 3

UNE ZONE ARIDE OÙ LES GÈNES S'ASSEMBLENT DE CURIEUSE FAÇON

En quittant l'aéroport situé dans la région la plus aride de l'île, on traverse un paysage sans doute trop vite défini comme désertique. En fait, il s'agit plutôt d'une sorte de steppe peuplée de curieux petits arbres miniatures ne dépassant jamais un mètre de hauteur, où dominent quatre espèces de plantes très particulières.

La première est une euphorbe, l'euphorbe du roi de Juba[1]. Elle ressemble à un petit arbre

1. *Euphorbia regis jubae*. En fait, sous ce nom est désignée, à Tenerife, *Euphorbia broussonetii*, très voisine de la précédente que l'on trouve sur l'île de la Grande Canarie.

dressé avec un tronc long de quelques décimètres d'où partent des ramifications dichotomiques porteuses de rosettes de feuilles au bout des rameaux. Sa ressemblance avec un arbre est surprenante, mais sa taille modeste plus surprenante encore. Comme toutes les euphorbes, elle émet un latex abondant dès qu'on la blesse.

Dispersé parmi ces euphorbes, le *Seneçon kleinia*, deuxième espèce typique de cette formation, a adopté le même port sous-arbustif en forme d'arbre miniature, si semblable à celui de l'euphorbe du roi de Juba qu'il est presque impossible de le différencier avant qu'il ne produise des fleurs, elles, en revanche, toutes différentes de celles des euphorbes, puisqu'il appartient à la famille des marguerites (astéracées), très éloignée de l'autre.

Mais voici les marguerites elles-mêmes, troisième espèce de ces formations décidément très originales, qui ont aussi adopté cette allure surprenante d'arbre miniature : ce sont les *Argyranthemum*, se présentant eux aussi sous la forme de minuscules arbustes au petit tronc bientôt ramifié avec, au bout des rameaux, de nombreuses marguerites : des plantes magnifiques, très ornementales, qui ont fait carrière dans les parcs et jardins.

Enfin la quatrième espèce, apparentée aux joubarbes, ces sortes de petits artichauts aux feuilles charnues qui poussent habituellement sur les rocailles, voire sur les toits, a également adopté ce port végétatif surprenant. Chez *Aeonium urbicum*, le petit artichaut est porté par un tronc de 20 à 50 centimètres de hauteur qui lui donne l'allure d'un chou cavalier. Ce petit chou – ou ce petit artichaut, comme on voudra –, porté par ce tronc absolument vertical, confère à la plante une allure tout à fait étonnante. Plus étrange encore, le fait qu'il est quasiment impossible de l'arracher du sol, car en tirant sur sa tige on détache l'écorce et la partie terminale en forme d'artichaut, tandis que l'axe central et les racines restent plantés ; bref, on le dépouille comme un lapin bien plus qu'on ne l'arrache, car il reste toujours, sortant de terre, une sorte de bâton dressé dépouillé de son écorce. Cet *Aeonium* est une plante qu'on dégaine comme un sabre de son fourreau, mais c'est le fourreau qui vous reste en main, et non le sabre ! Les autochtones pensent que le suc des *Aeonium* est un contrepoison du suc toxique des euphorbes – ce qui reste à prouver –, la nature ayant rapproché poison et antidote, comme le croient traditionnellement les peuples autochtones, plus proches que nous de la nature.

À l'issue de sa revue de détail des habitants de ces steppes arbustives, une question intrigue le botaniste : par quel étrange phénomène les habitants de ces milieux ont-ils adopté exactement la même allure, le même port végétatif en forme d'arbres miniatures ? Des convergences de formes de ce genre ont été observées en différentes parties du globe. Dans les déserts du Mexique, on repère des localités où des cactacées présentent une étonnante ressemblance avec des agaves, ces plantes si caractéristiques de la Côte d'Azur où elles ont été implantées et dont les très longues feuilles épaisses, terminées par un dard puissant, partent toutes de la base, ce qui leur confère une allure caractéristique, bien visible quand elles colonisent par exemple les talus de chemins de fer. Or ces cactacées à allure d'agaves vivent précisément parmi les agaves. De même, dans les forêts très humides d'Amérique du Sud, vers 2 000 mètres d'altitude, les arbres sont couverts de plantes épiphytes appartenant à la famille des broméliacées, la famille des ananas ; or, comme dans le cas précédent, deux épiphytes appartenant à des familles très différentes ont adopté exactement leur allure et poussent parmi les broméliacées avec lesquelles elles manifestent une ressemblance surprenante.

Mais les plantes divaricatées de Nouvelle Zélande offrent des exemples plus spectaculaires encore de telles convergences mimétiques. Ces plantes adoptent la forme d'arbustes à feuilles minuscules dont chacun est un dense amas de tiges entremêlées ; les rameaux sont nombreux, longs, fins, entortillés sur eux-mêmes, très ramifiés, et s'entrelacent mutuellement. Pas moins de cinquante-quatre espèces ont adopté ce port végétatif surprenant ; elles appartiennent à dix-sept familles différentes mais il est absolument impossible de les distinguer, à moins qu'elles ne portent des fleurs, ce qui signe alors leur appartenance, les familles botaniques ayant été définies en fonction de l'architecture des fleurs.

Dans tous ces cas, il est difficile d'y voir une adaptation particulière à des contraintes spécifiques du milieu, car ces plantes occupent des habitats très divers. Bien avant les découvertes récentes faites à ce sujet, le grand botaniste Went pensait que de telles convergences de formes résulteraient d'un transfert de gènes entre plantes d'espèces différentes par voie non sexuée, toute différente de la voie sexuelle par pollinisation et fécondation, la voie royale des échanges de gènes au sein d'une même espèce. Mais nous avons affaire ici à des espèces très différentes et très éloignées dans la classification botanique, n'ayant aucune affinité sexuelle et bien incapables de se croiser.

Les transferts de gènes d'une espèce à une autre sont connus aujourd'hui des biologistes qui qualifient ces gènes de *transposons*. Ceux-ci se seraient accrochés à des virus qui auraient eux-mêmes été véhiculés par un quelconque vecteur – champignons, nématodes, acariens, pucerons – d'une espèce à une autre.

En France, un phénomène de même nature peut être observé dans le parc naturel régional de la montagne de Reims : on y observe, dans la forêt de Verzy, des hêtres aux branchages étrangement entortillés, les hêtres tortillards. Ce caractère est génétique, car transmis à la descendance, puisque les graines de ces arbres reproduisent des individus présentant la même forme particulière. Or, les 300 hectares de la forêt de Verzy comptent 668 hêtres tortillards, mais aussi 13 chênes et 3 châtaigniers qui ont adopté exactement la même forme insolite. Ce qui laisse supposer, entre ces arbres, un transfert d'informations génétiques par voie non sexuelle, car ces arbres ne peuvent se croiser par voie sexuée.

Contrairement aux animaux, voici donc des plantes qui, comme le constate Francis Hallé [1], ne savent pas « tenir leurs gènes », mais les transfèrent à leurs voisines, même lorsque celles-ci appartiennent à des espèces, familles ou genres différents. De là à imaginer qu'un colza transgénique (OGM) puisse livrer son gène de résistance aux herbicides à quelque mauvaise herbe, il n'y a qu'un pas. On sait d'ores et déjà qu'un tel transfert de gènes peut s'effectuer par la voie sexuée classique en direction de plantes très affines de la famille des brassicacées (crucifères), proches du colza. Mais il pourrait aussi se faire par voie non sexuée vers des plantes botaniquement très éloignées, de sorte que de nombreuses mauvaises herbes d'une région pourraient devenir résistantes aux herbicides par transfert – par voie non sexuée – du gène de résistance émis par le colza OGM...

1. Francis Hallé, *Éloge de la plante*, Seuil, 1999.

Pour revenir à Tenerife, la zone littorale aux arbres nains comporte aussi quelques espèces d'allure toute différente ; parmi celles-ci règne en particulier l'euphorbe canarienne, l'une des espèces les plus spectaculaires de ces îles. Elle ressemble à un immense cactus dont les tiges charnues et dressées sont disposées côte à côte en formations denses et serrées. Elle se complaît entre 0 et 400 mètres d'altitude sur des rochers et des éboulis, car elle se contente de sols extrêmement ingrats. Ces grands cierges carrés partent du sol et rejettent sans cesse depuis leur base, de sorte qu'un pied d'euphorbe canarienne peut atteindre plusieurs mètres de diamètre et compter des centaines de cierges dressés côte à côte. La moindre blessure portée à l'une de ces tiges charnues entraîne l'écoulement d'un suc laiteux abondant et toxique. Cette euphorbe géante est endémique des Canaries ; elle n'existe nulle part ailleurs au monde. Elle piquette de taches vert-jaune les reliefs les plus marqués, en particulier les montagnes qui cernent la cuvette de Santa Cruz de Tenerife, la capitale de l'île.

La flore de ces basses régions a aussi accueilli des espèces venues d'ailleurs, en particulier des opuntias, ces cactus en raquettes encore nommés figuiers de Barbarie, si abondants dans nos régions méditerranéennes. Ces immigrées d'Amérique tropicale prolifèrent avec une vigueur incroyable sur des terrains anciennement cultivés ou des sols ingrats et arides. Une espèce d'opuntia fut jadis plantée aux Canaries pour l'exploitation des cochenilles, ces insectes qui produisent un colorant rouge ; mais cette production a été entièrement abandonnée lors de l'introduction des colorants de synthèse vers la fin du XIXe siècle.

Toutes ces plantes composent la végétation de base de la zone maritime qui ne comporte ni arbres ni arbustes dignes de ce nom. Cette végétation, à l'exclusion de l'euphorbe canarienne et des opuntias qui en sont totalement dépourvus, perd ses feuilles en été pendant la saison la plus sèche, et les récupère en hiver. Seuls demeurent toujours verts les *Plocoma pendula,* sorte d'arbustes pleureurs aux feuilles filiformes, capables de rester verts même lorsqu'il ne pleut pas pendant deux ou trois années consécutives. Leurs racines sont en effet à même de puiser l'humidité jusqu'à 30 mètres de profondeur, véritable record pour un arbuste qui ne dépasse jamais 1,5 à 2 mètres de hauteur !

Les basses altitudes abritent ici un seul arbre

toujours vert, un magnifique palmier, le très célèbre phœnix des Canaries. Ce palmier est l'une des treize espèces de phœnix répandues à travers le monde et ne se trouve à l'état sauvage que dans ces îles où il est endémique. Rare à l'état sauvage, il faut le chercher sur les bords sablonneux des ruisseaux à proximité de l'Océan, son biotope naturel. Le palmier des Canaries a connu un sort et un essor extraordinaires. Nul besoin de franchir l'Océan pour le contempler, car il est présent sur tout notre littoral méditerranéen où il est le palmier le plus couramment planté, de la promenade des Anglais à la Croisette. À l'instar de ce beau phœnix, aucun palmier planté n'a son origine en France : tous sont des immigrés. Ce palmier, qui est officiellement le symbole des îles Canaries, est utilisé pour les fibres de ses feuilles qui servent à la fabrication de paniers ou autres travaux artisanaux.

En quittant les zones maritimes du sud-ouest où s'agglutinent des dizaines de milliers de touristes dans les stations balnéaires de Los Christianos et Playa de America, on se dirige vers le nord en direction de Puerto de La Cruz. La route s'élève et, à partir de 400 mètres, toutes les espèces de la zone maritime disparaissent, sauf, ici ou là, quelques opuntias. Elles sont remplacées par les espèces classiques de la zone méditerranéenne : le figuier et l'amandier. Nous passons bel et bien du climat subtropical au climat méditerranéen.

Contrairement aux plantes de la zone maritime, le figuier a conservé le rythme végétatif habituel ; il perd ses feuilles en hiver et les retrouve au printemps, comme d'ailleurs l'amandier qui vit au même rythme saisonnier, s'habillant de feuilles et de fleurs au printemps et se défeuillant en automne. En passant de 300-400 à 700-800 mètres, on assiste donc à une inversion complète du rythme de la chute des feuilles. Ces deux arbres sont, pour le voyageur, de précieux indicateurs marquant les saisons qu'il est par ailleurs difficile de distinguer, tant les écarts de températures sont peu marqués. Jésus repérait déjà l'apparition du printemps au débourrement des feuilles de figuiers ; il vivait, il est vrai, dans des paysages riches en arbres et arbustes toujours verts, où rares sont ceux qui se défeuillent en fin de saison. Le figuier est de ceux-là.

Cette flore méditerranéenne serait incomplète si n'y figurait l'olivier, symbole par excellence de la végétation méditerranéenne, dont les Canaries possèdent deux espèces : une variété de l'olivier européen [1] et une espèce spécifique de ces îles [2], aujourd'hui plantée dans certains jardins botaniques des pays au climat de type méditerranéen, comme la Californie. Ces deux espèces, présentes à l'état sauvage, sont aujourd'hui cultivées comme ornementales, la première fournissant en outre l'huile d'olive utilisée traditionnellement par les habitants de l'archipel.

En progressant toujours vers le nord, on franchit un col à 820 mètres d'altitude. La végétation méditerranéenne a disparu, remplacée par un paysage qui évoque la Bretagne et ses vertes prairies, car la pluviométrie a fortement augmenté. La route dévale alors vers l'est et se dirige vers Icod de Los Viños qui s'enorgueillit de posséder un dragonnier géant, le plus beau des Canaries.

Le dragonnier est l'arbre fétiche de ces îles, un arbre singulier dont le tronc sécrète une

1. *Olea europea cerasiformis.*
2. *Picconia excelsa.*

résine rouge appelée sang-dragon (le sang du dragon). Avant l'arrivée des Européens, les Guanches le considéraient comme une panacée, lui reconnaissant une multitude d'indications thérapeutiques. Le sang-dragon arriva très tôt en Europe, semble-t-il par l'intermédiaire de quelques hardis navigateurs vénitiens qui auraient entretenu un petit commerce avec les Guanches. Alchimistes et médecins du Moyen Âge l'utilisaient déjà, lui attribuant des pouvoirs mystérieux en rapport avec l'énigme de son origine. Ils fabriquaient aussi avec cette résine des fards pour rehausser l'éclat des belles d'autrefois. En fait, l'origine du sang-dragon est très controversée et semble évoquer des drogues issues de divers pays. Dans les vieux traités de matière médicale, on décrit plusieurs sang-dragon ; l'un proviendrait d'un palmier originaire d'Indonésie, un autre serait issu d'un arbre de l'île de Socotra, au large d'Aden, au Yémen. Il n'est pas impossible que ce soit de celui-ci que parle Pline dans son *Histoire naturelle*.

Ce qui est sûr, en revanche, c'est que les dragonniers canariens sont des arbres extraordinaires que l'on ne peut voir qu'aux îles Canaries et dans les îles voisines de Madère et du Cap-Vert. Von Humboldt avait admiré dans la vallée de La Orotava, à Tenerife, un dragonnier gigantesque de 23 mètres de circonférence et de 25 mètres de hauteur, ce qui donne une idée de la bizarrerie de cet arbre aussi gros que haut. Ce dragonnier géant fut emporté par un ouragan en 1867, mais il reste très présent dans les chroniques anciennes des Canaries et dans la mémoire de leurs habitants.

Il ne subsiste aujourd'hui que quelques exemplaires de dragonniers vivant dans leur biotope naturel, notamment à proximité de la petite ville de Taganna, au nord de Tenerife ; ces dragonniers s'enracinent dans les rochers et font preuve d'une remarquable endurance. Aujourd'hui, deux dragonniers tiennent la corde pour leurs dimensions et leur ancienneté : celui du jardin du séminaire de La Laguna et celui, non moins impressionnant, d'Icod de Los Viños. Celui-ci, planté au centre de l'agglomération, aurait approximativement six cents ans d'âge. Il avait lui aussi beaucoup impressionné von Humboldt.

Le dragonnier, appartenant à la famille des agaves, s'apparente aux dracæna et aux yuccas. C'est une sorte de dracæna géant[1]. Imaginez un

---

1. *Dracœna draco.*

dracæna dont le tronc se diviserait de manière dichotomique un nombre incalculable de fois, donnant chaque fois, à l'extrémité des jeunes rameaux, une touffe de feuilles allongées, aiguës et pointues, précisément comme celles des dracæna. Ce dragonnier est donc un dracæna qui ne cesse de ramifier son tronc et qui porte, *in fine*, d'innombrables têtes disposées en une sorte d'hémisphère qui n'est pas sans évoquer la forme d'un pin parasol. Le tronc n'en est pas tout à fait un, car il n'est pas formé d'un bois compact dont les cernes permettraient de déterminer avec précision l'âge de la plante. Car, avec le dragonnier, nous sommes dans la classe des monocotylédones qui, à la manière des palmiers, ne font jamais de cernes ligneux. Un tel tronc, qualifié de stipe, est un dense conglomérat de « faisceaux de vaisseaux » de bois et de liber, par lesquels la sève monte et descend. Ceux-ci se séparent à la base de l'arbre – qui, du fait de cette singularité, n'en est pas tout à fait un – et évasent la base du « tronc » au niveau du sol où s'enracinent de multiples faisceaux comme on le voit bien chez les cocotiers, par exemple, sur une plage. À l'extrémité des rameaux, chaque touffe de feuilles allongées, aiguës et pointues, élabore une hampe florale pourvue de jolies fleurs jaunes donnant chacune, en automne, une baie rouge. Ces baies innombrables pleuvent au sol en hiver, au point qu'un cerisier ou un prunier paraîtrait stérile, toutes proportions gardées, comparé à cet arbre extraordinairement prolifique en fruits, et pourtant fort rare dans le paysage canarien.

Le dragonnier d'Icod est entièrement creux et porte sur son écorce des éraflures et des inscriptions remontant à des temps déjà très anciens. Ce dragonnier géant est l'une de ces pièces de musée dont les Canaries sont généreusement pourvues. Car ces îles sont un véritable conservatoire de la flore de l'Europe ancienne dont de nombreuses espèces, fuyant les glaciations, ont réussi à se réfugier ici sous un climat évoquant celui de l'Europe à l'ère tertiaire. De ce point de vue, la flore et la végétation canariennes constituent une sorte de reliquaire riche en espèces relictuelles. Le dragonnier existait jadis en France : on en a retrouvé des fossiles dans la vallée du Rhône.

Mais ce musée canarien d'espèces jadis menacées en Europe par les glaciations ne se contente pas de recueillir et de concentrer les malheureux émigrés fuyant les grands assauts du froid. Il rebrasse les arrivants avec les représentants de la flore autochtone, les hybride, les recombine avec des espèces locales affines, produisant ainsi des endémiques qui n'existent nulle part ailleurs au monde. Cet extraordinaire conservatoire d'espèces est donc aussi un laboratoire où s'en élaborent de nouvelles. Il offre l'image contrastée d'un musée et d'un atelier d'alchimiste, malheureusement pillés et fragilisés aujourd'hui par les nuées de touristes qui s'abattent sur ces îles-laboratoires menacées par les urbanisations galopantes.

D'Icod de Los Viños et de son célèbre dragonnier, nous poursuivons notre voyage vers l'est en direction de la station balnéaire très prisée de Puerto de La Cruz. Le climat y est nettement moins favorable que celui des zones maritimes du Sud-Ouest où s'agglutinent de nos jours la majorité des touristes. Le ciel est souvent couvert, les averses sont fréquentes ; les plages de sable basaltique sont d'un noir de jais, car nous sommes ici au pied du Teide vers lequel nous nous dirigeons à présent.

CHAPITRE 4

DE LA MER AU PLUS GRAND CRATÈRE DU MONDE

Dès que l'on quitte Puerto de la Cruz, la route s'élance et gravit l'immense vallée de La Orotava : une vallée qui n'en est pas tout à fait une, plutôt un immense plan incliné s'élevant de la mer jusqu'à 2 500 mètres d'altitude comme un grand livre posé sur un lutrin. Pas la moindre aspérité du relief dans cette nappe qui descend de la haute montagne vers le littoral. La « vallée » s'achève par une barre rocheuse qui la verrouille à la base et tombe en à-pic dans l'Océan.

La vallée de la Orotava est un site mondialement connu depuis que le célèbre botaniste allemand Alexander von Humboldt la visita à l'occasion de son voyage en Amérique du Sud.

Il la parcourut de part en part, le 23 juin 1799, en faisant l'ascension du pic de Teide. La tradition rapporte son émotion face à la beauté de ce paysage, à tel point qu'il s'agenouilla sur le sol comme on vit faire le pape Jean-Paul II lors de ses voyages, lorsqu'il versa des larmes en rendant grâce à Dieu de lui avoir accordé le privilège de contempler ce chef-d'œuvre de la nature. Il écrivit plus tard dans ses carnets de voyage : « J'ai trouvé dans la zone torride des lieux où la nature est plus majestueuse, plus riche en développements des formes organiques. Mais, après avoir parcouru les rives de l'Orénoque, les cordillères du Pérou, les superbes vallées du Mexique, je confesse n'avoir vu nulle part un tableau plus varié, plus attrayant, plus harmonieux dans la distribution des masses de verdures et de roches. On ne peut comparer cette vue qu'aux baies de Gênes et de Naples, mais l'Orotava les surpasse de beaucoup par les dimensions et la richesse de la végétation. » Emboîtons le pas à von Humboldt en effectuant à notre tour le parcours de Puerto de La Cruz au sommet du Teide où commença ce voyage à Tenerife. Ici, pas vraiment d'étage maritime, car la vallée s'abat sur la mer par des falaises rocheuses en à-pic. Puis, toute la partie basse de la vallée est occupée par des bananeraies extrêmement denses ; les cultures sont effectuées par irrigation grâce à l'eau de la fonte des neiges stockée dans une multitude de bassins circulaires.

Les bananiers sont des plantes extrêmement originales cumulant singularités et paradoxes[1] ; ce sont de grandes herbes – car ils ne forment pas vraiment de troncs – qui peuvent atteindre jusqu'à 10 mètres de hauteur et battent, du coup, le record du plus grand végétal à ne pas faire de bois. Le bananier est une sorte d'énorme poireau qui, au lieu d'être fixé dans le sol par une touffe de racines, y enfouit un gros bulbe vivace. Ce gros oignon reste perpétuellement enterré et donne spontanément de jeunes boutures qui se développent sous l'aspect de cette grande herbe qu'on appelle bananier. Au bout de deux ans, lorsque le régime de bananes est mûr, le bananier est arraché ; mais d'autres boutures surgissent de la souche souterraine vivace et donnent à leur tour d'autres bananiers qui subiront le même sort, passé le même délai. Ainsi, une bananeraie fonctionne

1. On pourra se reporter à ce sujet à mon ouvrage *Des fruits*, Fayard, 1994.

comme un système en rotation continue où les nouveaux pieds remplacent les anciens et sont à leur tour éliminés au fur et à mesure que chacun a fourni son régime, ce mécanisme se déroulant hors de tout cycle saisonnier et de toute sexualité. Le remplacement par de jeunes boutures des bananiers qui ont déjà porté s'opère en n'importe quelle saison, chaque pied obéissant à son rythme propre. Il est vrai que ce végétal pousse sous des climats chauds et faiblement contrastés où le rythme des saisons est peu marqué.

La route qui s'élève à travers cette bananeraie géante est plantée de jolies espèces ornementales : aloès et géraniums venus d'Afrique du Sud, particulièrement à l'aise sous un climat qui est le leur dans leur pays d'origine ; superbes étoiles de Noël, aussi appelées étoiles de Pâques, car leur floraison s'étend de l'une à l'autre de ces fêtes : ce sont les fameux poinsettias, ces euphorbiacées qui teintent de rouge vif leurs feuilles terminales entourant de minuscules inflorescences. Ces belles étoiles de grande taille contribuent au charme des routes canariennes.

La flore des tropiques a exporté ici ses plus

beaux spécimens : de riches collections de palmiers et de ficus, avec une mention particulière pour le superbe tulipier du Gabon dont les énormes fleurs rouges piquettent le vert feuillage de cet arbre considéré comme l'un des plus beaux au monde. Il rivalise, de ce point de vue, avec les flamboyants, plantés çà et là, dont la somptueuse floraison embrase d'un rouge vif le paysage. À ces arbres s'ajoute la parure d'un arbuste prestigieux, l'orgueil de Chine. Les strelitzias, dont les fleurs ont l'élégance d'un oiseau, et les cannas jaunes ou rouges achèvent ce tableau où les tropiques ont exporté ce qu'ils ont de plus beau. Ce patchwork de formes et de couleurs fait de la basse vallée de La Orotava un vrai paradis.

Les bananiers grimpent jusqu'à 600 mètres, altitude à laquelle apparaît l'étage méditerranéen avec ses figuiers, ses châtaigniers, ses amandiers. Les cultures en terrasses prennent le relais de l'immense bananeraie de la basse vallée. La route poursuit son escalade en lacets et on pénètre alors dans les zones arborées et forestières, d'abord sous le couvert de grandes bruyères arborescentes, formation dense et compacte qui s'élève jusqu'à 1 000 mètres d'altitude. Cette sorte de maquis n'est pas sans évoquer les maquis corses où cette même bruyère arborescente est présente ; ici elle s'accommode fort bien de l'influence des vents alizés qui charrient des nuages chargés d'humidité. Tandis que la brume s'épaissit et que l'humidité augmente, on passe des bruyères à la forêt de lauriers : la laurisylve.

La laurisylve est une formation végétale propre aux Canaries. Elle évoque quelque peu les forêts tropicales humides par le nombre et la diversité de ses essences arborescentes. On n'en dénombre pas moins de dix-huit, soit bien plus que dans nos forêts tempérées à feuilles caduques qui n'en contiennent jamais plus de quelques-unes (sept ou huit tout au plus). Ces arbres ont tous des feuilles persistantes et comportent quatre espèces différentes de lauriers ainsi qu'un houx spécifique des Canaries. En sous-bois, une violette et une petite orchidée ne vivent qu'à cet endroit et nulle part ailleurs au monde. Là où des vents violents soufflent de la mer, au nord-ouest de l'île, la laurisylve ne résiste pas, à moins d'être protégée par la dense végétation des bruyères arborescentes qui la dotent en quelque sorte d'un manteau protecteur. Ces grandes bruyères forment alors d'épais tapis de quelques mètres de hauteur, parfaitement peignés en direction de la montagne par la violence des vents qui les sculptent et leurs confèrent cette morphologie si particulière.

La laurisylve a subi de graves avanies lorsque, pour produire de la canne à sucre, elle a fourni le bois nécessaire aux techniques de raffinage. Mais cette culture n'est plus guère pratiquée aujourd'hui aux Canaries et la forêt résiduelle, quoique fragile, est moins directement menacée.

Il s'agit là d'un témoin relictuel de ce que furent les forêts de l'Europe de jadis. Toute l'Europe, en effet, si l'on en croit les fossiles, était peuplée d'une telle forêt de lauriers, et ce jusqu'à la fin de l'ère tertiaire, il y a deux millions d'années. Or cette formation végétale a pratiquement disparu du Vieux Continent. Avec les glaciations, la laurisylve a été menacée au nord par le froid. Par graines interposées, elle se replia plus au sud où elle se heurta à un obstacle redoutable : le climat du bassin méditerranéen, au long été sec et chaud, incompatible avec son cycle biologique qui requiert de l'humidité en toutes saisons. Coincée entre le froid du Nord et la sécheresse du Sud, la laurisylve n'avait donc aucun moyen de descendre vers les pays chauds. Elle s'est alors réfugiée vers les régions les moins froides et les moins sèches, où l'on en trouve des vestiges, comme à l'ouest du Portugal et au sud de l'Espagne. Mais elle a trouvé aux Canaries son refuge définitif, les graines y ayant sans doute été véhiculées par les oiseaux et les courants marins. Elle y a survécu avec d'autant plus de bonheur qu'elle pouvait, en fonction des variations climatiques, monter plus ou moins haut sur les montagnes nimbées de nuages, et donc humides, et conserver ainsi ses conditions de vie normales. Les Canaries constituaient donc pour la laurisylve un milieu idéal où elle se perpétue depuis lors.

La route qui grimpe maintenant fortement longe des ravins dont les rochers à pic sont tapissés d'une plante grasse très étrange, l'*Aeonium tabuliforme.* Ces plantes, dont nous avons déjà rencontré dans la zone maritime des cousins équipés d'un tronc minuscule, « sur pied », si l'on peut dire, appartiennent à la famille des joubarbes, au port d'artichaut et aux feuilles charnues. Elles forment, sur les rochers sombres, de jolies cocardes d'un vert cru, car les feuilles charnues, aplaties et littéralement collées aux rochers, s'emboîtent les unes dans les autres comme les tuiles d'un toit.

Brusquement, la forêt de lauriers s'efface au profit d'une dense forêt de pins canariens. Ce pin est, avec le palmier endémique et le dragonnier, le troisième arbre remarquable des Canaries. Il possède des aiguilles très longues, toujours disposées par trois, ce qui lui confère un air ébouriffé, très original, et le distingue au premier coup d'œil des autres espèces de pins. On a trouvé en Europe des fossiles de cette espèce qui y vivait, comme les lauriers, avant les glaciations ; les Canaries sont aujourd'hui son seul et unique refuge. Jeunes, les pins canariens ont le port d'un sapin ; plus âgés, celui de vieux pins chenus comme on en voit sur le versant sud du pic de Teide que nous escaladons présentement par le nord. Les pins de Villaflor atteignent des hauteurs de 55 à 60 mètres, avec des circonférences de 8 à 9 mètres. On crédite ces vénérables ancêtres de mille ans d'âge. Ce sont sans doute les arbres les plus anciens des Canaries.

Le cœur du tronc de ce pin a été utilisé pour la construction des balcons, portes, poutres et charpentes des immeubles, et pour l'extraction de sa résine. Comme des cheveux d'ange sur les sapins de Noël, des lichens filamenteux, appartenant aux genres Lobaria et Usnéa, s'étirent sur les pins jusqu'à les recouvrir parfois entièrement. Çà et là, des eucalyptus ont été plantés en bordure de route, mêlés à des pins introduits qui se distinguent du pin canarien par leurs aiguilles disposées par deux (et non par trois).

Après l'étage tropical, l'étage méditerranéen, le maquis corse, la forêt de lauriers, nous voici dans les Vosges ! La forêt de pins se fait de plus en plus dense à mesure que l'altitude s'élève, puis elle s'éclaircit de nouveau lorsque la route arrive à El Portillo, à 2 000 mètres d'altitude. Ce « portillon » ouvre sur le gigantesque cratère de Las Cañadas qui fit l'émerveillement de Humboldt. Ce cratère est le vestige d'un volcan géant. Il est bordé sur sa face est d'escarpements rocheux formant le pourtour du cratère et, à l'ouest, par le pic, beaucoup plus jeune, du Teide, issu d'une éruption bien postérieure à celle qui creusa l'ancien cratère. Les dimensions de Las Cañadas sont dantesques : 15 kilomètres de diamètre traversés par une route qui, du nord au sud, parcourt approximativement 20 kilomètres. On s'accorde à penser que Las

Cañadas est sans doute aujourd'hui le plus grand volcan du monde. Les touristes naturellement s'y précipitent et un parador – un de ces hôtels appartenant à l'État espagnol – se dresse en son centre. On distingue partout d'innombrables coulées de laves noires, rouges ou ocre, ainsi que des gravillons ayant la structure, la texture et le poids de la pierre ponce. La végétation, devenue parcimonieuse dans ces espaces sauvages et désolés, est dominée par un superbe genêt[1] de la taille d'un homme, d'une forme strictement hémisphérique tout à fait singulière. Ces genêts qui couvrent le sol de demi-sphères quasi parfaites s'élèvent sur le pic de Teide jusqu'à 3 300 mètres, altitude à partir de laquelle ils disparaissent brusquement.

Mais l'originalité majeure de la végétation du cratère de Las Cañadas est sans aucun doute la vipérine du Teide[2]. De toutes les plantes des Canaries, celle-ci est la plus photographiée. Cette vipérine, de la famille de la bourrache, est l'espèce emblématique du parc national de Las Cañadas. Il s'agit d'une plante biannuelle qui émet en sa deuxième année une immense hampe

1. *Spartocytisus supranubius.*
2. *Echium wildpretii.*

florale de 2 mètres de haut ; puis, épuisée par cet effort, elle meurt sur pied et disparaît entièrement. Cette hampe florale d'une longueur tout à fait inaccoutumée évoque un peu la forme d'un écouvillon ou d'un rince-bouteille. Les *Echium* ou vipérines sont ainsi nommées parce que leurs fleurs ressembleraient à une mâchoire de vipère (en latin *Echis*) et que chaque inflorescence primaire est disposée en crosse, comme un serpent lové sur lui-même. Celle du Teide ne pousse que dans ce cratère, mais on la trouve aussi dans des sites analogues sur l'île voisine de La Palma. Elle est considérée comme la plus belle des endémiques de la flore canarienne. Sa hampe florale est une inflorescence tout étirée en hauteur, couverte de milliers de petites fleurs rose violacé. Elle est beaucoup plus haute qu'un homme et ne saurait être comparée à aucune autre espèce de plante connue.

Un observateur attentif relève deux caractères communs à la plupart des végétaux croissant dans le cratère : ils prennent souvent une allure en coussinets, forme la plus adaptée pour résister aux vents violents à ces altitudes comprises entre 2 000 et 3 000 mètres ; et ils évitent les champs de laves, souvent dénués de toute végétation (on estime qu'il faut des centaines, voire des milliers d'années pour repeupler ces milieux minéraux, sans sol et extrêmement hostiles, que les habitants des lieux appellent les « Malpaïs »).

On reste interdit face à la taille et à la beauté saisissantes de Las Cañadas, qui offre une incroyable diversité dans l'allure des coulées de laves et, en même temps, une grande homogénéité dans le style général du paysage en forme de vaste cratère hémisphérique. On y détecte même un Sahara miniature où les pierres ponces d'un blanc crème, totalement dépourvues de végétation, font un très vif contraste avec les amas de roches chaotiques qui les environnent. En parcourant Tenerife, on rencontre presque tous les milieux, toutes les formations végétales existant sur terre, mais fortement simplifiés, à la fois en raccourci et en miniature.

Pour faciliter l'accès des touristes au pic du Teide, on a construit un téléphérique qui monte de 2 356 à 3 555 mètres. Restent alors environ 150 mètres à parcourir pour atteindre le sommet du volcan. Ce parcours escarpé à travers roches et rocailles offre le spectacle étonnant de touristes à bout de souffle : ainsi ces deux Américaines rouge écrevisse, affalées sur un rocher et qui semblent s'excuser de ne pouvoir monter plus haut : « *Sorry !* » Tous, en effet, n'atteignent pas le sommet. Les escaladeurs du Teide ne sont pas des alpinistes chevronnés, mais de simples vacanciers non aguerris aux rigueurs de la haute montagne. Quant au botaniste, il n'a pratiquement plus rien à faire, car il ne subsiste plus ici qu'une seule et unique espèce : la violette[1] du Teide, littéralement accrochée aux éboulis, cachée dans la pierraille pour résister aux vents violents.

Enfin nous arrivons au cratère, bouclant ainsi notre périple là où nous l'avons commencé. Un voyage en altitude, puisque, sur une soixantaine de kilomètres, il nous a hissés du niveau de la mer à 3 718 mètres d'altitude !

C'est en effectuant ce parcours, semble-t-il, que von Humboldt eut, pour la première fois, l'intuition de la zonation altitudinale de la végétation, liée aux variations climatiques qui la déterminent. Il aurait esquissé ici le concept de

1. *Viola cheiranthifolia.*

base de la phytogéographie, ou géographie des plantes, établissant un lien direct entre les variations climatiques et les variations des formations végétales. Cette intuition se trouva confirmée plus tard lorsqu'il escalada en Équateur le Chimborazo, considéré alors comme la plus haute montagne du monde, culminant à 6 272 mètres. Il n'en atteignit cependant pas le sommet, s'arrêtant à 6 072 mètres, bloqué par une crevasse. Mais il fut néanmoins le tout premier à atteindre une pareille altitude, ce qui fit de lui « l'homme le plus haut du monde » en ce début du XIXe siècle. Il décrivit alors soigneusement la stratification de la végétation en fonction de l'altitude telle qu'il en avait eu un aperçu en franchissant la vallée de La Orotava et le cratère de Las Cañadas.

Tenerife nous offre ainsi le saisissant spectacle d'une zonation altitudinale de la végétation en fonction des variations de température et d'humidité. Et c'est à von Humboldt que revient le mérite d'avoir défini ce tout premier postulat de l'écologie, bien avant que le zoologiste allemand Haeckel ne nomme ni ne définisse cette nouvelle discipline en 1866. Car telle était bien la quête de von Humboldt qui écrivait, juste avant son départ du port espagnol de la

Corogne, le 20 juin 1799, à propos de son projet d'expédition : « Je collecterai des plantes et des fossiles et me livrerai à des observations astronomiques ; mais là n'est pas le but premier de mon expédition. Je m'efforcerai de découvrir l'interaction des forces de la nature, les influences qu'exerce l'environnement géographique sur la vie végétale et animale ; en d'autres termes, il faut explorer l'unité de la nature. » Comment mieux définir l'écologie ? C'est ce programme qui trouve ici sa toute première application.

Tenerife possède en effet de nombreuses formations végétales en miniature, de l'aridité du Sahara à la flore de haute montagne, des steppes originales du Sud-Ouest au milieu méditerranéen, des maquis de bruyères arborescentes aux pinèdes évoquant la taïga, des forêts de lauriers annonçant déjà, par leur constitution riche en espèces, les forêts équatoriales, aux prairies normandes que l'on trouve à proximité de l'ancien aéroport de Los Rodeos, région la plus arrosée de l'île ; sans oublier la flore subtropicale de la basse vallée de La Orotava. Cet extraordinaire panel de formations végétales en fait bien un étonnant microcosme, un condensé, un raccourci de la planète qu'un visiteur curieux, qui aurait peu de temps à sa disposition pour découvrir les richesses de la Terre, pourrait explorer en quelques heures.

De la basse vallée de La Orotava jusqu'au sommet du Teide, le trajet que nous avons parcouru peut aussi symboliser un itinéraire spirituel, un voyage initiatique digne de ce Jardin des Hespérides ou de ces Champs Élysées qui intriguaient tant les hommes de l'Antiquité et que d'aucuns croient pouvoir identifier aux Canaries. Tout en bas, l'Océan, le ventre protecteur de la mer. Puis, au-dessus, ce fameux jardin, précisément, véritable éden peuplé d'oiseaux et de fleurs évoquant les enfances heureuses. Suit une longue et laborieuse ascension comme celle qu'exige toute vie spirituelle, avec ses forêts denses et obscures où l'âme tâtonne et doute dans la nuit. Vient ensuite, avec le cratère, une pénible progression dans la rocaille. Et voici que la pente devient plus raide encore. Vents furieux, aplombs vertigineux, crevasses et, tout en haut, le cratère, le sommet humain de l'aventure. Non, décidément, fût-elle ouverte aux plus hautes exigences spirituelles, la vie n'est pas un long fleuve tranquille. En chemin, le corps, alourdi d'impedimenta divers, se déleste de tout ce qui lui est inutile pour son ascension. Reste à effectuer le dernier saut dans l'abîme de la Mort, ultime étape et étage du voyage vers la plénitude des splendeurs éternelles, ces fameux Champs Élysées que représentaient, croit-on, les Canaries aux yeux des Anciens.

Le ciel ici se déploie jusqu'aux enfers, dans le ventre de la Terre. Ceux-ci se trouvent dans l'île voisine de Lanzarote, la plus proche du continent africain, île austère de sable noir et de roches volcaniques où la température, à 10 centimètres de profondeur, peut déjà atteindre les 140 °C ; et à 60 centimètres, 460 °C ! Lanzarote recèle une splendeur naturelle : la grotte de Jameo de Agua. « Voir Jameo de Agua et mourir », pourrait-on dire, tant ce lac souterrain, d'une extrême limpidité, est splendide avec ses écrevisses de 2 centimètres de long que l'on ne trouve nulle part ailleurs au monde.

À l'extrémité de Lanzarote, deux autres merveilles : les deux îlots d'Alegranzia et Graciosa évoquent par leurs noms la « gracieuse allégresse » que l'on ressent à les découvrir à l'aplomb des falaises de Lanzarote comme depuis un belvédère.

La Graciosa : quelques affleurements rocheux, quelques palmiers et un petit village de pêcheurs réputés pour vendre aux touristes leurs productions locales à des prix défiant toute concurrence – mais défiant toute concurrence par le haut, en ce sens qu'il semble impossible d'acheter plus cher un poisson dans aucune autre région du monde ! Ce qui n'ôte rien au charme proprement céleste de ces îlots exotiques... Nous sommes bien aux Champs Élysées !

Aujourd'hui, la flore et la faune de ces îles sont néanmoins gravement menacées par l'afflux massif des touristes. On y constate un mouvement migratoire qui évoque singulièrement celui qui déferla sur l'Europe lorsque le littoral méditerranéen aride, pauvre et déshérité, devint, à la fin du XIXe siècle, l'épicentre des destinations touristiques du public le plus huppé de la planète. Puis le tourisme se démocratisa : l'Italie, plus récemment l'Espagne, et aujourd'hui la côte croate attirent chaque année des milliers d'Européens du Nord en quête de soleil et de mer. Les Canaries sont entrées dans la danse plus tardivement, mais lorsqu'on découvre qu'elles sont les lieux de villégiature les plus proches de l'Europe où l'on puisse se baigner toute l'année, l'« héliotropisme », moderne clé du développement, joue ici à plein.

Elles ont connu depuis une trentaine d'années une explosion touristique sans précédent. Comme en Europe, leur centre de gravité s'est déplacé du nord humide vers le sud aride et chaud où prolifèrent de gigantesques urbanisations et des myriades d'hôtels de bon niveau, susceptibles d'absorber le flux continu des charters. À Tenerife, le Sud-Ouest, de Playa de America à Los Christianos et à Tenbel, jadis petits villages de pêcheurs, compte aujourd'hui, en période de pointe, plus de cent mille touristes, et il en va de même à la Grande Canarie où les dunes de Las Palomas, typiquement sahariennes, sont menacées par les urbanisations de la Playa del Inglese.

Un tel afflux n'est évidemment pas sans conséquences. Il menace l'intégrité des ressources naturelles, encore qu'une majorité de touristes s'agglutinent sur les côtes, sans vraiment emprunter les routes escarpées qui se dirigent vers le cœur des îles. Mais les botanistes canariens sont vigilants et s'emploient à sauver les espèces sauvages fragiles et menacées. Leurs efforts se concentrent sur les milieux les plus originaux et les plus riches. Gageons qu'avec l'appui de l'Union internationale de conservation de la nature, ils sauront éviter à la flore canarienne cette tragique érosion qui veut que, chaque année, de nombreuses espèces de plantes à fleurs disparaissent à jamais de la surface de la Terre.

DEUXIÈME PARTIE

Des marais salés aux mares à crocodiles :

le fonctionnement des écosystèmes

CHAPITRE 5

LA SALICORNE VALLÉE

Si l'altitude et les variations climatiques qui en découlent constituent le facteur écologique dominant pour qui observe les zonations des formations végétales de Tenerife, la nature du sol est aussi un facteur essentiel, comme on le voit en Moselle à proximité de la petite ville de Château-Salins. Mais, de Tenerife à Château-Salins, on passe de la macro-écologie à la micro-écologie, des grands espaces à de minuscules stations où tout se joue sur quelques ares.

L'ancienne route nationale N 55 qui relie les deux métropoles séparées d'Alsace et de Lorraine lors de leur annexion, entre 1870 et 1918 – Strasbourg et Metz –, a subi, comme beaucoup de ses consœurs nationales, un déclassement : elle n'est plus aujourd'hui qu'une départementale, la D 955, qui subit la concurrence directe de l'autoroute A 4, de sorte que la circulation y est modérée.

Un observateur attentif au paysage qui jouxte cet axe routier ne manquera pas d'éprouver quelque perplexité en franchissant la borne kilométrique n° 57 en direction de la suivante, la n° 58. C'est qu'en effet, au nord de la route, à quelques dizaines de mètres au-delà d'un pré ceint d'une clôture, d'étranges plaques de végétation d'un rouge vif frappent le regard. Quelles sont donc ces plantes qui tranchent si bizarrement par leur couleur dans ces prés humides ? Des cultures de plantes rares et peu connues ? Des mauvaises herbes envahissantes et pour le moins étranges par leur coloris ? Mû par la curiosité – un bon naturaliste n'a jamais les yeux dans ses poches – et après avoir franchi deux barrières de fil de fer barbelé, on débouche au milieu d'un monde totalement insolite : l'empire des salicornes. Un monde à part que rien ne laissait présager dans cette vallée fertile du bassin de la Seille, largement consacrée à l'élevage. Comme la route, la prairie est, elle aussi, déclassée. Elle a disparu au profit de formations végétales maigres, tout à fait inattendues en ces lieux.

Nous sommes ici au cœur des marais salés de Lorraine. D'importants gisements souterrains de sel gemme, déposés par la mer qui couvrait ces régions à l'ère secondaire, sont lessivés par les eaux de pluie qui ruissellent des collines environnantes et qui s'infiltrent dans le sol. Puis, par un système artésien et à la faveur de microfailles, ces eaux salées remontent en surface. D'où l'apparition çà et là, dans cette région, de plaques de végétation à l'aspect insolite que l'on ne rencontre nulle part ailleurs en France continentale : une végétation qui n'est pas sans rappeler celle des littoraux maritimes, étroitement liée à la salure du sol et des nappes phréatiques souterraines. Ces sources et marais salés ont d'ailleurs donné leur nom évocateur à plusieurs agglomérations de cette région telles que Château-Salins, Marsal – comme mare salée –, Salonnes, sans oublier que nous sommes ici dans la vallée de la Seille qui doit probablement son nom à cette présence inopinée de sel ou d'eau salée remontant en surface.

La salicorne est l'espèce emblématique de ces stations humides et marécageuses aux eaux et aux sols fortement imprégnés de sel. Abondante sur tous les littoraux européens, elle s'est nichée ici ; et le mot *niche* est à prendre dans son sens écologique d'habitat spécifique pour une espèce donnée. On la trouve dans quatre ou cinq stations, tout au plus, dont la superficie est très restreinte, de l'ordre de l'are, jamais plus d'un hectare.

La salicorne a une morphologie, une « gueule » tout à fait caractéristique qui exclut toute confusion avec d'autres espèces poussant en Europe. C'est une petite herbe dont les tiges et les rameaux ont la consistance et la forme des plantes grasses et qui, par osmose, accumulent dans leurs tissus du sel très perceptible lorsqu'on les mâchonne. Ses rameaux sont dressés, mais peuvent aussi être prostrés, selon les espèces : ils sont épais et charnus, organisés en segments ou « articles » successifs, alignés et empilés les uns sur les autres. Comme chez les cactées qui appartiennent à une famille très différente, on ne distingue guère les feuilles, car celles-ci sont très réduites et collées à la base de chaque segment, soudées par leur bord, comprimant ainsi l'axe du rameau. Les fleurs ne sont guère plus spectaculaires : elles sont regroupées par trois et se collent elles aussi à la base des segments, l'ensemble formant des épis allongés. Ces fleurs donnent un tout petit fruit sec : un akène. En fin de saison, les salicornes, d'un vert tendre lorsqu'elles sont jeunes, virent parfois au jaune, mais plus souvent au rouge vif, ce qui est le cas pour toutes celles de Lorraine. Conservées dans du vinaigre à la manière des cornichons, elles sont consommées sous le nom de passe-pierre, car on pensait jadis qu'elles venaient à bout des calculs. Aujourd'hui, elles sont un condiment apprécié accompagnant le pot-au-feu, la charcuterie, le poisson...

Les salicornes, qui appartiennent à la famille des chénopodiacées – la famille des betteraves et des épinards avec lesquels elles partagent la structure simplifiée de leurs fleurs –, sont un véritable casse-tête pour les botanistes. C'est en tout cas ce que manifeste le chapitre qui leur est consacré dans la *Nouvelle Flore de Belgique, du Grand-Duché de Luxembourg, du nord de la France et des régions voisines* dont la 5e édition est parue en 2004 (une flore qui, pour ces régions, fait autorité car elle est régulièrement remise à jour). Les premiers systématiciens n'avaient reconnu qu'une seule salicorne herbacée, *Salicornia europea.* Puis l'espèce a été démantelée en plusieurs sous-groupes : espèces distinctes, variétés, hybrides... En fait, les salicornes posent aux botanistes un problème spécifique : c'est qu'il est impossible de les identifier, comme on le fait pour toutes les autres plantes, sur des échantillons séchés et conservés en herbiers. On ne peut en effet observer leurs organes avec précision que sur le frais, et seulement entre le 15 septembre et le 15 octobre, lorsqu'on y voit simultanément des fleurs et des fruits. Car les salicornes ne se conservent pas, même dans l'alcool glycériné où elles perdent rapidement leur couleur, caractère très important pour leur détermination.

Nous nous garderons bien d'entrer dans les mille subtilités de la botanique des salicornes et nous nous contenterons d'y faire une brève incursion. Il suffit de savoir que les botanistes ne sont pas d'accord entre eux sur le nombre d'espèces à distinguer au sein de ce genre pourtant bien typé. En Lorraine, il n'en existe dans nos marais salés que deux espèces, lesquelles méritent donc notre attention.

La plus abondante et la plus fréquente est *Salicornia europea,* entendue ici au sens large (*lato sensu*). Mais certains auteurs ont démembré cette espèce en deux entités : la salicorne très rameuse, *salicornia ramosissima*, et la salicorne européenne, mais entendue cette fois au sens strict (*stricto sensu*). Nous éviterons ces querelles d'experts et qualifieront simplement d'*Europea* la salicorne la plus répandue dans nos marais salés. Elle est notamment caractérisée par le fait que chacune de ses cellules contient dans son noyau 18 chromosomes (2 × 9).

La seconde espèce est une variété de *Salicornia emerici* présente sur tout le littoral ouest-européen et dont la variété *Veneta* illustre, par sa grande taille et sa belle allure, la lagune de Venise. Cette salicorne est tétraploïde ; chacune de ses cellules contient 36 chromosomes dans son noyau, soit 4 × 9, par opposition à la première qui est dite diploïde (2 × 9). La variété lorraine a reçu le nom de *Salicornia emerici*, var. *vicensis,* avec une synonymie dans laquelle je suis personnellement impliqué, puisque mes collègues et amis les professeurs Gehu, Franck et Caron me l'ont dédiée sous le nom de variété *peltii.* Cette salicorne de Vic est la seule représentante en Lorraine du groupe des tétraploïdes. Elle colonise les vases suintantes des prés salés continentaux et n'est connue qu'en ces endroits.

Nous voici donc, dans nos marais salés, en présence de deux espèces que seuls les spécialistes parviennent à distinguer par leurs caractères morphologiques, mais qui se différencient radicalement par le fait que l'une est diploïde et l'autre tétraploïde, cette dernière étant beaucoup plus rare et ne colonisant qu'une seule station, près de Vic-sur-Seille.

Mais tenons-nous-en là pour cette rapide incursion dans le monde des taxinomistes, ces naturalistes spécialisés dans l'identification et la classification des plantes. Leur rôle est primordial en écologie, car, sans eux, les écologues ne sauraient ni de quelles espèces ils parlent, ni de quels agencements entre ces espèces sont constitués les écosystèmes qu'ils étudient – ce qui vaut bien une courte incursion dans leurs plates-bandes.

L'écologie de nos marais salés est caractérisée par les fluctuations de cinq facteurs qui déterminent la nature de la végétation qu'on y observe. D'abord les saisons, avec une forte évaporation en été, saison durant laquelle les mares se dessèchent et laissent souvent apparaître des fentes de retrait donnant au sol cette allure sèche, aride et craquelée, indissociable des images dramatiques que nous livrent les médias lorsqu'une famine se manifeste au Sahel ou ailleurs en Afrique. En hiver, au contraire, où l'évaporation, en raison des températures beaucoup plus basses, est plus faible, nos marais sont souvent inondés. On retrouve ici l'influence toujours déterminante du facteur climatique, quel que soit l'écosystème considéré.

Un deuxième facteur indispensable à la compréhension du fonctionnement de ces écosystèmes est le niveau de la nappe souterraine qui, en hiver, affleure à la surface, et qui, par évaporation, baisse en été sans jamais descendre toutefois à moins d'un mètre du sol.

Le troisième facteur est la salure de cette nappe, en été toujours plus forte qu'en hiver en raison de la dilution provoquée par les pluies hivernales non suivies d'évaporation, donc de concentration en sel.

Le quatrième facteur est la salure du sol lui-même.

Enfin, un cinquième facteur est la microtopographie, les zones les plus basses étant naturellement les plus longuement inondées, et les plus hautes les plus durablement – sinon toujours – exondées.

C'est la combinaison dynamique, en été-hiver, de ces cinq facteurs qui permet de comprendre le fonctionnement de ces écosystèmes. Car l'écosystème global des marais salés peut être démembré en sous-systèmes, chacun étant caractérisé par les variations de ces cinq paramètres ; et chacun d'eux est constitué d'espèces qui à leur tour le caractérisent dans la mesure où elles y sont adaptées.

La distribution de ces espèces reflète des gradients de salinité et d'humidité, de sorte qu'il est possible d'établir des séquences caractéristiques. Avec mon regretté collègue Jean-Claude Hayon, nous en avons distingué deux. L'une se développe entièrement en milieu aquatique et va, en fondu enchaîné, des eaux les plus salées aux eaux douces. L'autre va de ces mêmes eaux très salées jusqu'à des sols secs et dépourvus de sel.

La première concerne les zones les plus basses, continuellement inondées et fortement chlorurées – car le sel dont il s'agit est le chlorure de sodium, d'ailleurs exploité aujourd'hui encore en Lorraine. On y trouve des espèces typiques des zones palustres, fortement chlorurées, des littoraux, telles que la renoncule de Baudot, la ruppie[1] et la zannichellie[2].

Quand les submersions sont un peu moins longues et les eaux moins salées, ce sont les scirpes, plantes aux feuilles allongées à l'allure de roseaux, qui prennent le dessus. En poursuivant vers des eaux encore moins salées, ce sont les roseaux eux-mêmes qui apparaissent, manifestant d'ailleurs une grande souplesse écologique, car ils peuvent s'installer tout aussi bien dans des zones nettement moins humides et parfaitement dessalées, là où ils vivent habituellement.

Telle est la première séquence, en zones très humides, continuellement ou presque continuellement inondées mais de moins en moins salées.

La seconde séquence va des fossés à ruppies et zannichellies vers des zones moins humides mais encore plus salées. Nous tombons alors sur

---

1. *Ruppia maritina.*
2. *Zanichellia palustris.*

les stations à salicornes. En été, lorsque l'évaporation est très forte, la salure du milieu augmente par concentration et le taux de chlorure peut devenir tel que la salicorne elle-même, pourtant la plus apte de toutes ces plantes à vivre dans des sols très salés, finit par disparaître, laissant le sol complètement à nu, comme un désert en miniature : dans ce milieu trop sec, trop salé, la salicorne elle-même ne peut plus se développer.

La deuxième étape de cette seconde séquence concerne des zones possédant le même rythme de submersion que les stations à salicornes, c'est-à-dire des submersions fréquentes mais peut-être un peu plus courtes que les précédentes. Par contre, les sols et les nappes souterraines y sont nettement moins salés. Là s'installe la glycérie, *Glyceria distans,* dont le nom évoque le grec *Glyceros*, qui signifie « douceur », car les graines d'une espèce de glycérie (*Glyceria fluitans*) étaient consommées en bouillie dans les pays slaves. Des botanistes ont rebaptisé cette espèce du nom de *Puccinellia distans*, d'autres d'*Atropis distans*. Mais, selon les règles très strictes de la nomenclature botanique tenant compte des antériorités et des révisions effectuées à l'intérieur des genres, c'est bien de *Puccinellia distans* qu'il faut parler. Il s'agit d'une petite graminée caractéristique des mares et fossés à eaux saumâtres.

Lorsque les périodes de submersion deviennent nulles, bien que le milieu reste très humide, et tandis que le niveau global de la salure diminue encore, un jonc, le jonc de Gérard, s'installe sous forme de très beaux ensembles d'un vert foncé : c'est le troisième élément de cette seconde séquence largement conditionnée par la microtopographie. On note en effet, par rapport aux zones les plus basses de la séquence à salicorne et à glycérie, une augmentation de l'« altitude » de 10 à 20 centimètres.

Puis la microtopographie continue à manifester son influence, l'altitude – on devrait dire ici la microaltitude – s'élève, la salure diminue encore, les périodes de submersion sont désormais inexistantes et le sol plus sec. Apparaît alors le vrai chiendent[1], qui fait la transition avec la végétation environnante non marquée par le sel. Des touffes de guimauve apparaissent aussi çà et là, manifestant la très légère tolé-

1. *Agropyrum repens.*

rance au sel de cette belle espèce à caractère ornemental et officinal.

Dans cette seconde séquence – salicorne, glycérie, jonc, chiendent –, la microtopographie joue un rôle essentiel, puisque c'est elle qui détermine l'occurrence, la durée et le niveau des submersions, des zones les plus salées et les plus basses aux zones les moins salées et les plus hautes.

C'est ici que l'on découvre ce que les auteurs anciens considéraient comme l'« ordre » régnant dans la nature. La majeure partie des stations salées dites halophiles – qui aiment le sel – couvrent bien évidemment les zones littorales. Comme en Lorraine, cependant, certaines régions d'Europe continentale manifestent les mêmes caractéristiques : en Allemagne du Nord, par exemple, en diverses stations, de même qu'en Autriche et en Hongrie. Or, dans toutes ces stations, et dans des conditions comparables à celles que nous avons décrites à propos des variations des cinq paramètres pris en considération pour expliquer et comprendre la zonation de la végétation, on retrouve cette ossature centrale, cette séquence fondamentale avec tantôt les mêmes espèces, tantôt des espèces différentes mais appartenant aux mêmes genres, selon ce qu'on appelle le phénomène de vicariance (de *vicarius*, le remplaçant, le « vicaire ») : une espèce en remplace une autre du même genre dans des milieux comparables.

Partout les stations aquatiques et très salées sont peuplées de zannichellies, de ruppies et de renoncules de Baudot. Partout la salicorne herbacée est présente dans des zones humides et très chlorurées. Partout, sur des sols moins salés, elle est suivie d'une glycérie dont l'espèce varie par vicariance selon ses localisations sur cette vaste carte de l'Europe de l'ouest, littorale et continentale. Vient ensuite le jonc de Gérard, partout présent, et la séquence s'achève par le chiendent dans les zones non inondables, peu chlorurées et les plus élevées.

Mais cette série n'est qu'un squelette, un plus petit dénominateur commun. Selon les stations envisagées, littorales ou continentales, d'autres espèces, plus nombreuses sur le littoral, accompagnent chaque espèce type de la séquence, formant des groupements végétaux plus riches et plus diversifiés.

Tout se passe comme si, en Lorraine, seule avait été conservée sur ces micromilieux, avec quelques autres plantes plus ou moins halophiles, soit treize espèces non citées ici, l'armature centrale du dispositif, c'est-à-dire les espèces ou tout au moins les genres présents partout et toujours dans l'ordre mentionné. Bref, la végétation des zones halophiles littorales ou continentales de l'Europe occidentale présente, sous une apparence de grande diversité, ce « tronc commun » structurant que nous avons mis en lumière en conclusion de nos recherches consacrées à cette thématique, et que nous retrouverons (voir *infra*) dans la baie du Mont-Saint-Michel. Cette flore halophile lorraine est donc une sorte de concentré, un résumé de flores halophiles beaucoup plus riches et de formations salées beaucoup plus vastes, notamment s'agissant de celles qui couvrent les littoraux et où figurent de très nombreuses espèces absentes de Lorraine.

Dès lors, une question se pose : pourquoi ces espèces qui trouveraient ici des conditions favorables à leur développement ne s'y trouvent-elles point ? Peut-être faut-il invoquer la question climatique : les minima de température en hiver sont nettement plus bas en Lorraine que sur le littoral. Mais cette question-là renvoie à une seconde : comment cette flore halophile a-t-elle pu se mettre en place à 400 kilomètres des littoraux les plus proches ? Question qui renvoie à son tour à une troisième : que s'est-il passé pendant les récentes glaciations, lorsque la banquise descendait jusqu'à Londres, Amsterdam et Hambourg, et que ces régions étaient couvertes d'une toundra semblable à celle qui revêt aujourd'hui le nord de la Sibérie ? Tout laisse à penser que les espèces susmentionnées, ou du moins la plupart d'entre elles, n'ont pu se maintenir dans ces conditions extrêmes.

Il y a donc tout lieu de croire que c'est à la faveur du réchauffement constaté au cours des derniers millénaires que cette flore halophile s'est installée ou réinstallée sur les sites lorrains. La plupart des spécialistes pensent que les graines ont été apportées par des oiseaux en provenance des littoraux. Car ces milieux humides sont naturellement très fréquentés par les oiseaux, même si aucune espèce strictement marine n'y est représentée, ne serait-ce que parce que ces marais n'abritent point de poissons en raison d'exondations fréquentes et du fait qu'ils représentent des surfaces très restreintes, qui tiennent du mouchoir de poche ! Aussi les oiseaux que l'on repère en ces milieux ne leur sont point directement inféodés et possèdent des rayons d'action beaucoup plus vastes.

L'espèce la plus emblématique de la plaine de Marsal est le courlis cendré, caractérisé par son long bec recourbé vers le bas, dont on estime qu'il existe une quinzaine de couples entre Dieuze et Vic-sur-Seille. Le courlis est un nicheur, comme le sont aussi les traquets tariers, les bergeronnettes printanières, la caille des blés et le vanneau huppé, sans oublier le très rare râle des genêts dont un à deux couples nichent sur ces sites. Plus fréquents sont le traquet pâtre, le bruant des roseaux, le martin-pêcheur et la bergeronnette grise. Tous ces oiseaux sont des nicheurs ; d'autres sont des migrateurs qu'il n'est pas rare de voir à l'automne et au printemps : grues cendrées, pluviers dorés, chevaliers cul blanc et combattants. Enfin, en hiver, lorsque la Seille déborde, on y observe de nombreux canards.

Aucune de ces espèces n'est immédiatement inféodée, rappelons-le, aux marais salés que certaines visitent néanmoins. Mais nos marais sont proches de zones humides beaucoup plus vastes, comme par exemple l'étang de Lindre, paradis des ornithologues et zone d'observation privilégiée pour les adhérents de la Ligue de protection des oiseaux (LPO). Mais les entomologistes ont aussi, dans ces stations si originales, du pain sur la planche, car mares et marais salés abritent des insectes caractéristiques de ces milieux, notamment deux espèces de libellules protégées : l'*Orthetrum* brun et l'agrion de Mercure, ainsi que de nombreux coléoptères halophiles.

Mais l'intérêt de nos mares et marais salés tient essentiellement à leur flore et à leur végétation en mosaïque évoluant avec les variations des cinq facteurs que nous avons signalés. Le site est parfaitement mis en valeur dans les fossés de Marsal, au cœur du parc naturel régional de Lorraine. Cette région a joué depuis un lointain passé un rôle important, une industrie vieille de trois mille ans y extrayant déjà du sel exporté dans toute l'Europe occidentale bien avant l'arrivée des Romains. Elle fait aujourd'hui l'objet de fouilles archéologiques minutieuses destinées à mettre au jour les techniques employées dès l'âge de fer et dont maintes subtilités nous échappent encore. Les archéologues déterrent d'innombrables tessons de brique ainsi que des fours destinés à concentrer les saumures ; ces fameux « briquetages de la Seille » n'ont pas encore livré tous leurs secrets et font l'objet de colloques et de communications entre spécialistes. Toujours est-il que la région agricole et pastorale de Château-Salins fut jadis le siège d'une véritable et puissante industrie mobilisant une main-d'œuvre abondante, dont le sel était la plus précieuse des richesses. Les archéologues pensent même que cette région constitue la zone préhistorique d'exploitation du sel la plus importante au monde.

Changement de décor, changement de continent, changement de climat : nous voici au cœur de l'Asie centrale, en Afghanistan. Les stations halophiles y sont nombreuses et il fut intéressant, au cours de plusieurs missions, de les comparer à nos stations lorraines, bien que leur écologie soit radicalement différente. Ici, point de vastes gisements de sel en profondeur. La salure des sols est un phénomène de surface résultant de l'intense évaporation estivale qui percole le substrat du bas vers le haut, ramenant et accumulant en surface des chlorures et des sulfates arrachés au sous-sol, au point que de véritables croûtes de sel en viennent à recouvrir le sol, le laquant comme de la glace. Telle est la conséquence de l'intense chaleur des longs étés, parfaitement secs, de type méditerranéen. Car l'alternance, caractéristique des saisons de type méditerranéen, d'une très longue saison sèche en été et de pluies d'hiver s'étend à l'est bien au-delà de la Méditerranée, jusqu'aux confins du Pakistan où l'on entre dans un régime inversé, celui des moussons.

Un premier constat s'impose d'emblée : nos séquences lorraines ont disparu. Nous sommes ici dans un autre biome, un autre ensemble écologique caractérisé par un climat alternant certes selon les saisons, comme en Méditerranée, mais fortement continental, beaucoup plus sec et avec des hivers glaciaux. Et pourtant, la salicorne herbacée est toujours présente dans les zones marécageuses les plus humides et les plus salées. Mais, alors qu'elle était seule à coloniser ces types de substrats dans nos marais lorrains, elle doit compter ici avec la concurrence de plusieurs autres espèces appartenant pour la plupart à la même famille botanique des chénopodiacées qui domine les flores halophiles de ces régions. L'évolution biologique semble s'être ingéniée à créer de nombreux types de cette famille dont les représentants supportent allègrement la salure des sols et l'aridité du climat.

Mais comme les teneurs en sel sont beaucoup plus élevées dans les couches superficielles du sol en raison des remontées en surface de chlorures et de sulfates dues à une évaporation intense, certaines espèces réussissent à survivre dans ces milieux en développant de puissants systèmes racinaires descendant à de grandes profondeurs, là où la salure devient très faible. Tel est le cas des tamarix, ces arbres au feuillage filiforme et élégant apprécié des troupeaux, mais aussi de l'alhagi, l'herbe à chameaux, plante riche en sucre que les chameaux dégustent avec délectation malgré sa ramure roide hérissée de rameaux piquants. Elle parvient à percer la croûte de sel superficielle, affectant alors des caractères légèrement halomorphes – en fait, une légère succulence. Bel exemple d'adaptation d'une plante qui est parvenue à s'accommoder de milieux hostiles en adaptant sa morphologie et en faisant preuve d'une grande souplesse écologique.

Dans les campagnes médiatiques visant à imposer les OGM à des consommateurs hostiles, on ne cesse d'évoquer des plantes qui s'adapteraient au sel. Que n'expérimente-t-on des espèces comme celles-ci pour vérifier leur degré de souplesse écologique et les capacités que montrent certaines de leurs populations, dûment sélectionnées, pour leur résistance au sel !

L'Afghanistan est peut-être le plus beau pays du monde... Nous l'avons parcouru des mois durant, interrogeant les guérisseurs sur les plantes qu'ils utilisent en thérapeutique traditionnelle. Des plantes déjà présentes dans la médecine grecque et que les *tahib yunoni*, les « médecins grecs », dispensent toujours, car elles font partie pour une bonne part de la flore afghane. L'épopée d'Alexandre le Grand a laissé sa marque sur les cultures du pays et les grandes plantes médicinales des Grecs continuent d'y être utilisées : les daturas et les jusquiames (avec toute la prudence qu'impose leur toxicité), les colchiques et le ricin, le cannabis et l'opium, le fenugrec et la moutarde, ainsi que quelques plantes importées de l'Inde toute proche, qui enrichissent ce panel. Mais nous avons aussi interrogé la nature, le couvert végétal, crapahutant dans les montagnes arides sur des pistes risquées. Nous avons herborisé sur les rives salées du fleuve Amou-Daria – l'Oxus des Grecs – qui sépare le pays de l'ex-URSS par un rideau de fer encore présent à cette époque où les gardes-frontières, sur leurs miradors, équipés de jumelles, de l'autre côté du fleuve, nous tenaient en joue avec leurs kalachnikovs. Mais notre curiosité était la plus forte et, par 50 °C à l'ombre, nous avons décrypté l'écologie de ces rivages exondés en été et très salés, dominés par deux espèces : une graminée rampante, plus tenace et plus coriace qu'un chiendent, *Aeluropus littoralis*, très adaptée au sel ; et *Seidlitzia rosmarinus*, une superbe et succulente chénopodiacée formant de gros buissons sous lesquels nous trouvions un peu d'ombre.

Et que dire des bords du lac Ab-i-Istada, au sud du pays, et de ses belles roselières ? Très cosmopolite, le roseau est présent partout dans le monde, mais ici de jeunes individus imprudemment installés sur des sols trop salés pour eux se retrouvent si imprégnés de sel qu'ils en paraissent transformés en sucres d'orge – voire en statues de sel, à l'instar de la femme de Loth dans l'épisode bien connu de Sodome et Gomorrhe. C'est le prix que les roseaux, décidément très adaptables, ont à payer pour avoir tenté de coloniser des milieux ultrasalés et humides où la salicorne aurait beaucoup plus sa place.

On l'y trouve d'ailleurs dans sa version herbacée, ainsi que dans une version vivace formant alors de petits buissons rameux mais aux tiges et aux rameaux toujours succulents.

En fait, les flores des stations halophiles d'Afghanistan sont beaucoup plus riches et diversifiées que celles de nos stations homologues d'Europe continentale. Elles sont d'ailleurs très différentes les unes des autres, et présentent de nombreux types écologiques ayant chacun ses caractéristiques propres. Mais toutes correspondent à des climats nettement plus secs que le nôtre et ponctuent, quand les conditions de salure et d'humidité le permettent, les vastes et mornes steppes de l'Asie centrale, dominées à perte de vue par des armoises.

CHAPITRE 6

LE MONT-SAINT-MICHEL AU PÉRIL DE LA MER

Jean-Claude Lefeuvre est professeur à l'université de Rennes et au Muséum national d'histoire naturelle. Le Mont-Saint-Michel est sa passion. Il l'exprime en ces termes dans l'ouvrage qu'il lui a consacré :

« Né près de Rennes, à La Chapelle-Chaussée, ce n'est qu'à l'âge de cinq ans que je me suis rapproché du Mont. Un souvenir de cette époque reste gravé dans ma mémoire : grimpé sur un talus, par une journée d'hiver limpide et ensoleillée, j'ai vu surgir au milieu des grèves une pyramide somptueuse nimbée de lumière, qui m'a littéralement hypnotisé : le Mont-Saint-Michel et sa baie venaient de se dévoiler à mon regard émerveillé. J'ai grandi, fasciné par cette architecture de conquête qui fit d'un rocher un joyau superbe, diamant enchâssé dans l'écrin chatoyant d'une baie vivante respirant au rythme des plus grandes marées du globe, se parant au fil des heures de soieries couleur d'or, de platine ou de plomb fondu. Comment, imprégné dès mon plus jeune âge par des images aussi fortes, sous l'œil attentif et bienveillant d'un père et d'un instituteur, échapper à une telle emprise ? Étudiant, j'ai guidé les vacanciers pour leur faire partager l'épopée de ceux qui firent du Mont-Saint-Michel cette merveille de l'Occident [...]. Nommé professeur à l'université de Rennes, puis au Muséum national d'histoire naturelle, mon souci constant a été de comprendre les systèmes écologiques dans leur globalité : les landes bretonnes et le bocage ont été mes premiers terrains d'étude, puis j'ai renoué avec "elle" et la baie a envahi ma vie professionnelle. Mais le scientifique a dû faire appel à la "raison" dans la quête exigeante de la connaissance du fonctionnement complexe de cette baie durant trente années de recherches en équipe [1]. »

1. Jean-Claude Lefeuvre, *La Baie du Mont-Saint-Michel*, Actes Sud, 2000.

Comment s'est formée cette baie, quelle est son histoire ? La légende est connue : en 709, l'archange saint Michel serait apparu à l'évêque d'Avranches, Aubert, lui suggérant de bâtir sur le mont Tombe un sanctuaire qui sera remanié et agrandi à plusieurs reprises. Voilà pour ce qui concerne le Mont. Mais la baie ?

Il y a environ vingt mille ans, à la fin de la dernière glaciation du quaternaire, le Mont était entouré d'une steppe périglaciaire parsemée de marécages et de bosquets complètement enserrés par les terres. Le réchauffement climatique qui devait mettre fin à la dernière grande vague de glaciation commence il y a environ quinze mille ans. Les glaciers se retirent du nord de l'Amérique et de l'Europe ; le niveau marin s'élève : il devient désormais impossible de franchir à pied le pas de Calais réunissant la France et la Grande-Bretagne, laquelle n'était pas encore une île à l'époque.

Grâce aux modernes techniques de datation au carbone 14, on a pu suivre avec précision le rythme de cette montée du niveau de la mer. Celle-ci ne s'est pas faite de manière régulière et l'on peut distinguer des phases de transgressions marines durant lesquelles la mer progresse vers l'intérieur, y accumulant des sédiments marins, et des phases de régression se traduisant par l'apparition de marais d'eau douce sur les anciens marais salés, avec accumulation de tourbe.

Le sous-sol de la baie a donc un aspect feuilleté, chaque étage pouvant être daté par le carbone 14 de la tourbe. Grâce à cette technique, on sait aujourd'hui que le rythme de la montée du niveau de la mer a été plus ou moins rapide. De 10 000 à 7 500 BP[1], il a monté de 60 centimètres par siècle, valeur élevée correspondant approximativement à l'augmentation attendue pour le présent siècle. Puis, entre 7 500 et 5 000 ans BP, cette montée s'est ralentie au rythme de 33 centimètres par siècle, et, depuis lors, elle s'est stabilisée autour de 10 centimètres par siècle pour atteindre 15 centimètres au XXe siècle. Mais, depuis le Moyen Âge, ces variations sont liées aussi aux activités humaines qui y contribuent : les endiguements successifs ont permis la création de marais et de polders récents qui ont nettement modifié l'équilibre de la baie, de même que la digue-

1. BP, *before present* (avant aujourd'hui). Ainsi, l'an 0 de notre calendrier correspond-t-il à 2 000 BP.

route reliant le Mont au continent : elle a accéléré son colmatage par des sédiments que ne peuvent plus enlever ni les fleuves ni les marées. De sorte qu'aujourd'hui, le Mont-Saint-Michel est de moins en moins souvent entouré par la mer, ce qui n'arrive plus que quelques jours par an, aux très grandes marées.

Ce n'est pas le moindre paradoxe de cette baie où simultanément la terre regagne du terrain en même temps que la mer monte ! Comment expliquer pareille contradiction ?

Tandis que la mer monte, en relation avec le réchauffement climatique qui dilate les océans et fait fondre les glaciers, à la périphérie de la baie les tangues, ces sables vaseux souvent recouverts par la mer, se couvrent d'une végétation de plantes résistant au sel, formant des marais salés dont la progression est de l'ordre de 25 à 30 hectares par an. Au total, les marais salés du Mont-Saint-Michel, avec une superficie de 4 000 hectares, sont les plus importants des littoraux européens. La clef de l'énigme qui veut que le niveau de la mer monte dans le même temps que les prés salés conquis sur elle progressent, s'explique par les énormes dépôts sédimentaires que véhiculent les marées ascendantes, qui sont estimés à près de 1,5 million de mètres cubes de tangues et de sable par an.

C'est le fameux processus d'ensablement dont on a tant parlé à propos du Mont-Saint-Michel. L'accumulation des sédiments, qui peuvent atteindre une vingtaine de mètres d'épaisseur, est liée à l'amplitude des marées qui est ici la plus forte d'Europe, puisqu'elle dépasse 14 mètres. Ce processus de sédimentation se poursuit de telle sorte que si rien n'était fait, le Mont risquerait de subir le sort d'Aigues-Mortes, enclavée au milieu des herbus – nom local donné aux marais salés lorsqu'ils sont pâturés par les moutons. Il serait alors complètement soustrait à l'influence des marées. Or les marais salés ont une valeur écologique majeure. Il convient donc de les maintenir et de les préserver tout en redonnant au Mont son caractère maritime : autre paradoxe, autre challenge !

Avant que l'on ait découvert la valeur écologique majeure des marais salés, la France fit appel, en 1856, à des spécialistes hollandais de la poldérisation pour mettre en valeur et en exploitation agricole plusieurs milliers d'hectares. Le Couesnon, principale rivière à se jeter dans la baie – et qui, « dans sa folie, mit le Mont en Normandie », puisqu'il marque la frontière entre Bretagne et Cotentin –, fut canalisé sur 5 600 mètres en 1858. À l'ouest du Mont, la construction de digues s'est poursuivie jusqu'en 1934, et 2 800 hectares de polders conquis sur la mer furent ainsi offerts au monde agricole.

Mais le Mont attire les touristes. Pour leur faciliter l'accès au monument, une digue-route a été aménagée en 1879, qui transforme de fait le Mont en presqu'île. Depuis plus d'un siècle, une polémique se poursuit, visant à rendre au Mont son caractère maritime en supprimant la digue-route. Le 27 juin 1879, la commission des Monuments historiques réclama même à l'unanimité sa destruction au moment même de son achèvement, le 31 juillet de la même année ! Cette confrontation entre les Beaux-Arts et les Ponts-et-Chaussées fut portée à plusieurs reprises devant la Chambre des députés. En 1884, le vieux Victor Hugo plaida la cause du Mont : « Le Mont-Saint-Michel est pour la France ce que la grande pyramide est pour l'Égypte, il faut le préserver de toute mutilation, il faut que le Mont-Saint-Michel reste une île, il faut conserver à tout prix cette double œuvre de la nature et de l'art ! » Cet objectif est maintenant atteint, puisque la décision est prise de transformer la digue-route, sur un kilomètre, en un viaduc qui permettra à la mer d'entourer le Mont et d'éviter les dépôts massifs de sédiments qui le colmatent. Simultanément, un barrage sera construit sur le Couesnon, le projet prévoyant de partager cette rivière en deux : l'eau stockée à marée haute sera relarguée à marée basse dans les deux bras pour évacuer par un effet de chasse les sédiments de part et d'autre du Mont.

Les recherches écologiques de Jean-Claude Lefeuvre se sont concentrées sur le fonctionnement des marais salés. Connus dans la baie du Mont Saint-Michel sous le nom d'herbus, pâturés par les célèbres moutons caractéristiques de cette baie, ils reçoivent alors le nom de « prés-salés ». Si les prés nourrissent les moutons, les marais salés non pâturés semblaient, en revanche, dépourvus d'intérêt. Entre prés et marais, l'on peut distinguer des variations microtopographiques engendrant, selon le microrelief, de plus ou moins longues périodes d'inondations par les marées. Les zones pionnières sont, comme dans la région de Château-Salins, conquises par des salicornes, mais aussi par des spartines inondées par 25 % des marées. Puis, toujours comme dans la région de Château-salins, viennent les bas-marais à puccinellies, qui ne sont atteints que par 5 à 7 % des marées. Viennent ensuite les marais moyens, dominés par une plante à fort pouvoir végétatif, l'obione : inondée par moins de 5 % des marées, celle-ci occupe le niveau correspondant au jonc de Gérard dans nos marais salés lorrains, présent toutefois, lui aussi, à ce niveau, comme dans la séquence lorraine. Vient ensuite le haut marais à agropyrum, là aussi comme dans nos marais lorrains, seulement inondé par les très grandes marées.

On notera que l'on retrouve ici le schéma fondamental décrit au chapitre précédent, mais avec un nombre d'espèces très supérieur, puisque la baie du Mont-Saint-Michel est la plus riche en espèces adaptées au sel des côtes de France, les halophytes : soit au total soixante espèces formant une trentaine d'associations végétales.

Les prés salés à puccinellies sont le domaine des moutons : ils représentent dans la baie les quatre cinquièmes de la végétation halophile ;

ils sont pâturés par environ 10 000 têtes de bétail en hiver et 17 500 en été, en comptant les agneaux. La décision prise en 1856 de transformer tous les marais salés en polders eût entraîné la disparition des moutons de prés-salés. Nul, aujourd'hui, ne songerait plus à mettre en œuvre une telle proposition : les moutons de prés-salés ont en effet une valeur trois fois supérieure à celle des ovins ordinaires. Ces prés salés, résultant du pâturage des marais par des moutons qui les entretiennent, sont aussi source de nourriture pour les canards siffleurs, l'une des principales espèces chassées qui hibernent dans la baie. Il en va de même d'une espèce d'oie protégée, la bernache cravant, qui, comme le canard, consomme la même puccinellie. On conçoit mieux, dès lors, qu'agriculteurs, chasseurs et protecteurs de la nature aient partie liée pour conserver ces marais, transformés par le pâturage en prés salés.

En revanche, l'intérêt des marais salés à obiones n'a été mis en évidence que tout récemment, grâce précisément aux travaux de Jean-Claude Lefeuvre. Certes, l'une des espèces pionnières, la salicorne, est de plus en plus utilisée comme condiment, au même titre qu'à Château-Salins. Mais que dire de ces marais à obiones, sinon qu'ils sont occupés par une espèce très banale sur toutes les côtes de France [1], quoique ponctuée çà et là par une espèce beaucoup plus rare [2] ? La question était de savoir si ces marais présentaient quelque intérêt ou bien s'ils devaient être transformés par pâturage en prés salés à moutons.

Les recherches menées sur les marais à obiones ont d'abord révélé qu'ils étaient extrêmement productifs, fournissant plus de 20 tonnes de matière organique sèche par hectare et par an, avec des poussées pouvant atteindre 36 tonnes, et ce sans labours, ni engrais, ni pesticides, alors que le maïs utilise entre 140 et 180 kilos d'azote par hectare pour une production de 10 à 13 tonnes seulement de matière sèche. Ces chiffres très élevés font de ces marais les zones les plus productives du monde en matière première végétale, comparables en cela aux forêts tropicales les plus denses.

Les obiones abritent un petit crustacé du genre Orchestia, ainsi que des bactéries. Le

1. *Obione portulacoïdes.*
2. *Obione pedunculata.*

crustacé se nourrit d'obiones, et les bactéries vont permettre la minéralisation de la matière organique qui, sous forme dissoute ou sous forme de particules, devient un nutriment apprécié. Exportée vers le milieu marin par les marées, cette matière organique se concentre dans les vasières voisines des marais salés. Du coup, ces vasières, éclairées par la lumière solaire, produisent à marée basse de nombreuses microalgues, notamment des diatomées.

Telle est en fait la réponse à une question que se posaient les écologistes : les eaux de la baie, très turbides en raison des quantités de sédiments véhiculés, ne permettent pas aux rayons solaires de pénétrer en profondeur, d'où une absence de photosynthèse et, du même coup, d'algues et de zooplanctons consommateurs d'algues. Comment expliquer dès lors l'intense production marine de la baie en huîtres, en moules et en poissons ? Comment ceux-ci se nourrissent-ils ? On sait désormais que les diatomées formées à marée basse dans les vasières, grâce aux apports alimentaires des orchestias sont reprises par le flot lors de la marée montante et ensemencent ainsi la mer en nutriments. Voilà pourquoi la baie du Mont-Saint-Michel est capable d'exporter chaque année douze mille tonnes de moules, dix mille tonnes d'huîtres, et d'alimenter suffisamment d'invertébrés pour voir s'y concentrer les nombreux oiseaux migrateurs qui s'en nourrissent.

Poussant plus avant son analyse, Jean-Claude Lefeuvre a montré que ces marais salés, pourtant inondés par moins de 40 % des marées au cours d'une même année, sont visités, lors de ces submersions qui durent souvent moins d'une heure, par des poissons comme les mulets et les juvéniles de bars de première année. Les mulets se gorgent de diatomées et les jeunes bars d'orchestias. La consommation de ces crustacés par ces bars permet d'expliquer leur croissance rapide au cours de leur première année.

En revanche, les marais salés à puccinellies liés au pâturage par les moutons perdent cette fonction : ils produisent moins de cinq tonnes de matière sèche par hectare et par an, ce qui ne leur permet pas, par le jeu des exportations de matières organiques vers le milieu marin, de soutenir une production de moules et d'huîtres importante. D'autant qu'ils abritent une population réduite d'orchestias, ce qui est très pénalisant pour l'alimentation des jeunes bars.

Bref, les marais salés à obiones sont les alliés

des pêcheurs, des ostréiculteurs et des mytiliculteurs, tandis que les prés salés sont les amis des agriculteurs et des chasseurs. Mais il ne viendrait plus à l'idée de personne de nier la valeur biologique de ces écosystèmes très riches qui ont fait dire au grand écologiste américain Eugène Odum que « les marais salés sont la richesse de la mer ». Ostréiculteurs, mytiliculteurs et pêcheurs savent aujourd'hui que leurs revenus sont tributaires des marais à obiones, jadis perçus comme dépourvus d'intérêt et voués à la poldérisation ou à la transformation en prés salés.

Afin de ménager ces zones à haute valeur écologique et économique, on a abandonné récemment le projet de construire deux barrages « chasses d'eau » visant à freiner la progression des marais. Ainsi nourrie par les flux de matières organiques ou minérales provenant des marais salés, la baie du Mont-Saint-Michel joue un rôle essentiel de « nurserie » pour les poissons : « poissons-fourrage », comme les gobies dont se nourrissent les poissons prédateurs, ou poissons d'intérêt commercial comme la sole, la raie, le merlan, la dorade, sans omettre sardines et harengs. Au total, la baie est riche de quatre-vingt-dix espèces de poissons dont certaines, comme l'esturgeon, ont aujourd'hui pratiquement disparu. Ce sont ces abondantes populations de poissons qui permettent la présence de grands prédateurs tels que le grand dauphin et, depuis une dizaine d'années, le phoque veau-marin.

Sans oublier qu'une promenade sur les sables du Mont-Saint-Michel est toujours agrémentée par la récolte de coques, car la baie a toujours été renommée pour sa production de fruits de mer. Aujourd'hui, la productivité animale de la baie, dont on comprend mieux les modalités, est impressionnante : « 10 000 tonnes de moules, 4 000 tonnes d'huîtres, 800 tonnes de buccins, 400 tonnes de seiches, 20 tonnes de calmars, 150 tonnes de coques, 120 tonnes de praires, 60 tonnes de crevettes et 150 tonnes de poissons sont prélevées en moyenne chaque année en baie. » Or l'alimentation de tout ce petit monde est en fait tributaire des marais à obiones et de l'active présence des orchestias.

Restent les oiseaux. De ce point de vue, la baie est un exceptionnel monument ornithologique, même si quelques espèces s'y sont raréfiées à la suite de la mise en culture des polders et de la disparition des prairies qui en résulta, au profit des champs de maïs. Il n'en reste pas moins que la baie est classée site d'importance internationale pour les oiseaux. Elle abrite, en janvier, douze mille cinq cents individus d'oies et de canards. Quant aux petits échassiers, la baie en accueille cinquante-quatre mille en janvier, ce qui représente 12 % de la population littorale française. Parmi ceux-ci, le bécasseau variable, l'huîtrier pie, le pluvier argenté, la barge à queue noire et rousse et le bécasseau maubèche dépassent en moyenne le niveau d'importance internationale, de même que le courlis cendré. Lorsque le froid sévit aux Pays-Bas et en Grande-Bretagne, le nombre d'oiseaux présents en baie peut doubler, voire tripler, ce que l'on constate lors des hivers rudes, plus rares, il est vrai, depuis que les effets du réchauffement climatique se font sentir.

La baie est classée au patrimoine mondial de l'Unesco pour sa valeur naturelle et culturelle, ce qui en fait la seule entité de ce genre au monde. Elle accueille chaque année quelque trois millions trois cents mille visiteurs. Faire coexister cette marée touristique, surtout attirée par les grandes marées, avec le monde des oiseaux et la végétation spécifique des marais et des prés salés, tout en tenant compte des intérêts divergents des agriculteurs et des chasseurs d'un côté, des exploitants de la mer de l'autre, peut paraître un véritable casse-tête chinois. Mais la bonne connaissance du fonctionnement écologique de la baie permettra à tous les acteurs d'être éclairés sur les enjeux, qu'ils soient de gestion ou d'aménagement, qui s'imposent.

Constatant les difficultés qui résultent de l'appartenance de la baie à deux régions, la Bretagne et la Basse-Normandie, à deux agences de l'eau, celle de Normandie et celle de Loire-Bretagne, ce qui complique infiniment les prises de décisions, Jean-Claude Lefeuvre se prononce pour la création d'un véritable « Pays de la baie du Mont-Saint-Michel », les réalités écologiques devant ici l'emporter, ou tout au moins s'accommoder au mieux des divisions administratives dont on voit là combien elles sont artificielles.

Comme il est toujours permis de rêver, on peut ainsi imaginer de redessiner les contours des entités administratives, y compris jusqu'au niveau des États, afin de les faire coïncider au mieux avec les réalités de l'écologie de la nature, mais aussi de l'écologie humaine. Car que valent ces divisions artificielles, résultant par exemple de la colonisation, où des ethnies africaines se trouvent réparties dans deux, voire trois pays différents ? En superposant une telle carte écologique à la carte administrative, on discernerait des entités cohérentes et l'on réduirait sans doute les conflits frontaliers qui rendent si difficile la coexistence des peuples sur notre petite planète. Mais, comme chacun sait, les frontières engendrées par les guerres sont intangibles en temps de paix.

Quitte à rêver, allons donc le faire désormais de l'autre côté de l'Atlantique, en Guyane...

CHAPITRE 7

LA MARE AUX CAÏMANS NOIRS

Daniel Guiral est un chercheur aguerri, curieux et perspicace. Il appartient à l'Institut de recherche pour le développement (IRD). Sa spécialité : l'écologie des zones humides. Son théâtre d'opération : le marais de Kaw[1], en Guyane, situé à 40 kilomètres au sud-est de Cayenne, qu'il a exploré avec de nombreux scientifiques appartenant à des spécialités différentes.

Le marais de Kaw est un ensemble écologique remarquable par la diversité de ses communautés végétales et animales. Pour les

1. Kaw : prononcer *Ko*.

Guyanais, ce marais est le *pripri*, vaste zone de 110 000 hectares qui s'étend du bord de l'océan jusqu'au pied de la montagne de Kaw qui culmine au sud à 333 mètres. Ce *pripri* est un tapis flottant de hautes herbes qui monte et descend en fonction du régime des pluies et des crues. Parfaitement inaccessible à pied ou en bateau, il se déchire çà et là en chenaux ou marigots.

Il représente la plus vaste des zones humides en terres françaises. À ce titre, il bénéficie de multiples protections, notamment son classement, en 1993, dans les sites Ramsar, du nom de la convention internationale sur la protection des zones humides (et de la ville iranienne de Ramsar, en bordure de la Caspienne, où cette convention fut adoptée). Puis il a été érigé en réserve naturelle en mars 1998, et en parc naturel régional en 2001. Partout dans le monde, drainages et « mises en valeur » provoquent la régression ou la disparition des zones humides dont l'intérêt biologique est pourtant connu, ne serait-ce qu'en raison de leur très forte productivité en matière vivante et de la riche diversité d'espèces végétales et animales qu'elles abritent. Le marais de Kaw est l'une des rares zones du monde encore jamais pénétrées par l'homme en raison de son inaccessibilité et de l'impossibilité d'y implanter un quelconque habitat humain.

Le marais est spontanément drainé par la rivière de Kaw qui dévale de la montagne et représente la seule zone d'accès possible à partir de son estuaire, que les eaux marines pénètrent plus ou moins profondément en fonction du régime des précipitations et de l'évolution géomorphologique de la côte. Celle-ci est très instable, en raison des bancs mouvants de vases que l'estuaire de l'Amazone arrache aux Andes et que le courant des Guyanes vient déposer jusque-là. Bref, tout ici est mouvant : le tracé de la côte, avec ses mangroves de palétuviers : l'estuaire, sans cesse menacé d'envasement et qui doit se frayer passage vers la mer ; le *pripri* qui, en saison sèche, repose sur une tourbe spongieuse qui happerait le marcheur, mais qui, durant la saison des pluies, remonte comme une plate-forme mouvante, flottant alors sur un lac unique reliant toutes les mares.

L'objectif de Daniel Guiral et de son équipe était de décoder le fonctionnement de cet écosystème encore parfaitement inconnu et qui constitue l'une des dernières « zones blanches » du globe. Il fallut pour cela avoir recours à des techniques ambitieuses, dont l'installation par hélicoptère d'une plate-forme flottante de 6×4 m^2, complétée d'une petite plate-forme de débarquement et de deux bateaux à rames dans une mare permanente située au cœur même du marais et parfaitement inaccessible par toute autre voie. Huit à dix personnes peuvent y travailler et dormir en hamac. Cette plate-forme flottante évoque le célèbre radeau des cimes de mon ami Francis Hallé, dispositif astucieux et indispensable pour explorer la canopée de la forêt équatoriale, particulièrement riche en espèces végétales épiphytes et en animaux, dont des myriades d'insectes.

La plate-forme a été mise en place le 4 décembre 2001 dans une zone continuellement en eau, choisie à la suite de plusieurs survols de repérage. Cette mare permanente au cœur du marais voit son niveau évoluer notablement en fonction des variations saisonnières, avec des phénomènes de dilution et de débordement au cours de la saison des pluies, et, à l'inverse, des périodes de concentration et de rétraction au cours de la saison sèche. La surface de cette mare est densément recouverte des feuilles rondes des nénuphars[1] à floraison nocturne. La végétation des berges comprend les plantes adaptées à ces zones d'inondations permanentes sur un sol de tourbe acide flottant. Les botanistes y ont découvert une espèce de houx encore inconnue et un arum géant[2] dont les inflorescences s'échauffent la nuit de 5 à 10 °C pour attirer les insectes pollinisateurs.

Mais l'intérêt majeur de cette mare tient à ce qu'elle héberge une importante population de caïmans noirs, le plus grand des crocodiliens d'Amérique du Sud avec ses 6 mètres de long. Dans cette zone où l'homme n'a jamais pu pénétrer, la plate-forme sert d'installation permettant l'étude du comportement de ces caïmans.

Ces caïmans représentent une espèce fortement menacée, car exploitée aussi bien pour sa chair que pour sa peau. Leur population du marais de Kaw est sans doute la dernière qui soit restée vierge de toute traque humaine, alors que 99 % des caïmans noirs ont disparu d'Amé-

1. *Nymphea rudgeana.*
2. *Montrichardia arborescens.*

rique au cours du XXe siècle. La rivière de Kaw n'en compte d'ailleurs presque plus, hormis quelques jeunes immatures qui ont peu de chances de parvenir à l'âge adulte, tant ils sont recherchés. La première question que se posait Daniel Guiral était de savoir si, dans le marais, les caïmans étaient présents en nombre plus important que dans la rivière, et sous leur forme adulte.

Au moment où la plate-forme fut déposée, une forte appréhension saisit les chercheurs : n'allaient-ils pas se trouver nez à nez avec des caïmans adultes ? Subiraient-ils des attaques frontales ? Et, dans ce cas, quels secours espérer, loin de toute présence humaine, le littoral étant à 15 kilomètres et la rivière de Kaw à 10 ? L'intuition de Daniel Guiral ne tarda pas à se confirmer : la mare où ils avaient posé leur plate-forme regorgeait de gros caïmans qui n'hésitaient pas à s'aventurer jusqu'à la plate-forme qu'on s'empressa d'équiper d'un grillage protecteur. Désormais, on ne descendra plus dans le marais et l'on n'y circulera plus qu'en barque !

Il y fait une chaleur humide : 35 °C à midi. Quelques oiseaux survolent la plate-forme, notamment le « héron cocoï », une espèce de forte taille, très rare. On repère aussi des jacanas ou « oiseaux Jésus », aux doigts démesurés, trottant sur l'eau de feuille en feuille, et des hoatzins dont des colonies très importantes occupent les arbres enserrant la mare. Le hoatzin est le seul oiseau connu au monde pour son aptitude à brouter les feuilles des arbres, comme font les mammifères ruminants, activité qui finit par modifier l'architecture des arbres visés, ainsi fragilisés, tant et si bien qu'ils seront les premiers à fournir les rameaux servant à la confection des nids des oiseaux d'eau migrateurs. Son poussin, armé de griffes aux ailes, grimpe aux arbres pour échapper aux caïmans : quand un poussin tombe à l'eau, il se rattrape aux branches et peut remonter aussi vite qu'un lézard. En revanche, aucun poisson n'est visible dans ces eaux couleur de thé noir, très acides, presque entièrement recouvertes par la dense végétation des nénuphars.

La première tâche de nos écologues consiste à installer sur la plate-forme une station météo alimentée en énergie par des panneaux solaires, et un limnographe qui permettra de mesurer les fluctuations du niveau de la mare en fonction de la pluviométrie.

Au sujet des caïmans noirs, plusieurs questions se posent : De quoi se nourrissent-ils ? La mare et plus généralement le marais vivent-ils en vase clos, ou alimentent-ils au contraire la rivière de Kaw en caïmans ? Pour apprécier le volume des populations de ces crocodiliens, la mare est subdivisée en bandes de 20 mètres de largeur, parcourues en barque durant la nuit. Les pupilles des caïmans sont alors complètement dilatées et l'on distingue au fond de l'œil, en y portant le faisceau d'une torche électrique, deux points rouges dont l'écartement indique la taille de l'animal. À la suite de ce comptage, on peut évaluer à une centaine les caïmans présents dans cette mare dont la superficie ne dépasse pas les 150 hectares. Nous sommes donc bien dans un véritable sanctuaire de caïmans noirs, aisément identifiables par la barre osseuse saillant entre leurs yeux. Des animaux sont capturés ; leur sang permettra de déterminer la variabilité génétique et le degré de consanguinité de cette population. En extrapolant les volumes de populations constatés dans cette mare à la totalité des zones perpétuellement inondées du marais de Kaw, on peut estimer à deux mille le nombre de caïmans vivant dans cet écosystème.

Les mères caïmans pondent sur les îles ou sur les berges. Les jeunes sont-ils menacés de cannibalisme par les mâles adultes ? Une question que se pose Daniel Guiral, car on a vu un adulte tenir dans sa gueule aux crocs redoutables un jeune caïman. Certes, en tant que superprédateurs, les caïmans se situent à coup sûr au sommet de la pyramide écologique et de la chaîne alimentaire ; mais celle-ci reste entièrement à reconstituer. Or il est impossible de distinguer les poissons, aliment probable des caïmans, dans ces eaux noires couvertes de feuilles de nénuphars ; des eaux qui ne paraissent guère propices à leur prolifération et qui se collectent dans le marais soit par ruissellement de la montagne de Kaw, soit directement par la pluie. De plus, la matière végétale aquatique est ici abondante et sa décomposition, rapide sous ce climat, consomme beaucoup d'oxygène qui, du coup, n'est plus disponible pour les poissons. En revanche, cette putréfaction dégage du gaz carbonique dont on voit les bulles éclater en surface. Vu le fort recouvrement végétal de la mare, en surface où s'étalent les grandes feuilles rondes des nénuphars et sous la surface où la végétation se décompose, la lumière pénètre difficilement en profondeur, de sorte que ces eaux sont peu aptes à favoriser la prolifération des algues microscopiques constituant le phytoplancton dont la formation par photosynthèse est directement proportionnelle à la lumière incidente.

De sorte qu'à l'issue d'une première mission, toute une série de questions se posent à propos de la chaîne alimentaire dans ces marais : Que mangent les caïmans ? Où sont les poissons ? Y a-t-il du plancton pour les alimenter ?

Autant de questions qui obtiendront un début de réponse avec les analyses, effectuées en laboratoire à Cayenne, des eaux recueillies dans la mare. Ces eaux sont filtrées dans des filets aux mailles plus ou moins larges pour séparer les organismes qu'elles contiennent en fonction de leur taille. Or, comme on pouvait s'y attendre, les algues phytoplanctoniques sont extrêmement rares dans ces eaux acides, translucides, de couleur thé, comme les eaux du Rio Negro, le plus important affluent de l'Amazone qui doit son nom à sa couleur foncée. En fait, l'eau rapportée à Cayenne est une eau très pure : c'est de l'eau de pluie. Par contre, dans un autre filtre, Daniel Guiral repère des densités importantes de rotifères, éléments constitutifs du zooplancton, connus pour alimenter les alevins de poissons. Il y a donc bien du zooplancton dans cette mare : mais de quoi se nourrissent ces rotifères, puisque leur aliment habituel, les algues constituant le phytoplancton, semblent faire défaut ? Dès lors, de quoi se nourrissent ces minuscules organismes animaux ? Décidément, voilà une chaîne alimentaire bien difficile à reconstituer !

Une deuxième mission est alors effectuée, cette fois avec la collaboration de Francis Meunier, un ichtyologue – c'est ainsi que les scientifiques nomment les spécialistes des poissons. Cette nouvelle mission se déroule durant la saison des pluies : la mare, comme l'atteste le limnographe, a monté d'un mètre, et le paysage a changé. De nombreuses aigrettes blanches nidifient et exécutent leur parade nuptiale dans les arbres qui cernent la mare. Mais de quels poissons se nourrissent-elles ? Comment repèrent-elles les poissons du marais sous le dense couvert des nénuphars, dès lors qu'elles pêchent à vue ? À moins qu'elles n'aillent pêcher hors du marais ?

Commence alors la chasse aux poissons : François Meunier jette ses filets et ramène un poisson mâchouillé sans doute par des caïmans ;

il s'agit d'un patagai, poisson carnivore qui peut atteindre 40 centimètres de long ; son autopsie révèle la présence dans son estomac d'un poisson plus petit, l'oyak. Le patagai a mangé un oyak, car c'est un prédateur vorace, et s'est fait ensuite attaquer par un caïman plus vorace que lui et qui, du coup, se révèle être un super-prédateur ou, comme disent les écologistes, un carnivore de deuxième ordre (le caïman) dès lors qu'il se nourrit lui-même d'un carnivore dit de premier ordre (le patagai) se nourrissant lui-même d'herbivores : (les oyaks).

Voilà donc que se met en place un nouveau maillon de la chaîne alimentaire qui permet d'éliminer l'hypothèse, à vrai dire peu plausible, d'un cannibalisme entre caïmans, maîtres incontestés de la mare avec toutefois trois autres espèces de crocodiliens. Toutes les observations confirment que les caïmans mangent bien des poissons vivants ou morts.

Cet animal, dont certains individus dépassent 7 mètres de long, est d'ailleurs parfaitement adapté à son rôle de prédateur ; il peut se tenir sous l'eau la gueule ouverte, car un repli de sa peau protège sa trachée. En outre, ses yeux sont pourvus d'une membrane nyctitante qui lui permet de voir sous l'eau, même dans une certaine obscurité.

Finalement, pas moins de vingt-quatre espèces de poissons sont repérées, notamment des piranhas herbivores, situés plus bas dans la chaîne alimentaire, comme il se doit pour un herbivore, et que les patagais, carnivores de premier ordre, dévorent à belles dents.

La chaîne alimentaire se met donc en place maillon après maillon : les alevins mangent le zooplancton essentiellement composé de rotifères, les poissons se mangent entre eux selon leurs espèces et les mœurs alimentaires de chacune, et les caïmans et autres crocodiliens mangent les poissons.

Pourtant, tous les mystères ne sont pas élucidés. Notre ichtyologue peine à remonter dans ses filets des atipas. L'atipas est le poisson emblématique de la Guyane, patrimonial en quelque sorte, indissociable des repas festifs traditionnels de cette région. Son mode de vie est pourtant parfaitement adapté à cet environnement : il est doté d'une possibilité de respiration aérienne grâce à un poumon dérivé de son intestin, ce qui n'est pas un mince avantage dans ces eaux asphyxiques ; et pour se reproduire il construit des nids flottants où les œufs sont maintenus au contact des eaux de surface pour une meilleure oxygénation ; dans ces nids est convié tout un harem de femelles qui lui tapotent le bas-ventre pour recueillir son sperme et féconder leurs œufs. Les caïmans en feraient-ils leur plat favori, ce qui expliquerait leur rareté ?

Mais une question plus préoccupante encore se pose : où est donc le phytoplancton, premier maillon de toutes les chaînes alimentaires aquatiques et si parcimonieusement présent ici ?

C'est à cette question que va répondre une troisième mission. Cette fois, Daniel Guiral est accompagné d'un ornithologue spécialiste de l'avifaune, c'est-à-dire des oiseaux : Marc Thery. S'il y avait très peu d'oiseaux en décembre, lors de la pose de la plate-forme, ils sont cette fois extraordinairement nombreux, en particulier les hérons agamis dont l'ornithologue dénombre pas moins de deux mille individus. Il appert que le marais de Kaw constitue la zone de population la plus importante au monde de cet oiseau extrêmement rare, car on n'en connaissait à ce jour qu'une colonie de douze couples au Costa Rica. Son écologie n'avait jamais été étudiée. Or, et sans s'en douter, Daniel Guiral a posé sa plate-forme au cœur d'un nichoir destiné à ces espèces rarissimes. Le héron agami est un oiseau gris bleuté à grandes aigrettes couleur pastel. Il ne vole que la nuit et peut s'écarter jusqu'à 100 kilomètres de son nid pour nourrir ses petits.

D'autres oiseaux sont encore repérés autour de la mare, eux aussi fort rares comme le héron cocoï, le savacou et l'anhinga. Tous trois récupèrent le bois des nids abandonnés par le héron agami et s'en servent pour la construction de leurs propres nids.

Finalement, les chercheurs repèrent autour de la mare quelque cent quatre-vingt-trois espèces d'oiseaux. En somme, les arbres qui entourent la mare sont une immense nurserie pour oiseaux, et sans doute ceux-ci s'y concentrent-ils pour échapper à des prédateurs terrestres, protégés qu'ils sont par la proximité des caïmans, lesquels ne peuvent que décourager les prédateurs forestiers comme certaines espèces de singes, de rongeurs et de serpents qui ne peuvent d'ailleurs qu'accéder difficilement aux boqueteaux disséminés dans le marais. Or ces milliers d'oiseaux produisent des quantités importantes de déjections riches en sels nutritifs. Ces fortes précipitations lessivent pendant la saison des pluies cette manière organique abondante, ces fientes. Tout naturellement, elles stimulent la photosynthèse du phytoplancton, surtout au tout début de la saison sèche. Ces microalgues, en sommeil la nuit faute de lumière pour effectuer la photosynthèse, « maigrissent » alors en respirant et en brûlant leur matière organique, comme font tous les êtres vivants par la respiration ; puis, dès le lever du jour, la photosynthèse se réenclenche avec la lumière et dégage de l'oxygène dont le taux dans l'eau double ou triple, pour le plus grand bonheur des poissons. Quand le facteur lumière, déterminant pour stimuler la photosynthèse des algues planctoniques, est à son maximum, le phytoplancton abonde.

Le marais de Kaw ne vit donc pas en circuit fermé. Les oiseaux piscivores ne se nourrissent pas dans le marais dont les ressources en poissons seraient bien insuffisantes. Un partenaire de chaque couple va pêcher des poissons au loin, sans doute dans un rayon d'une centaine de kilomètres, et restitue à ses petits, par régurgitation, le produit de sa pêche : des poissons que le marais aura déversés pendant la saison des pluies et qui donnent des adultes que les agamis ramènent morts dans le même marais qu'ils fécondent de leurs fientes. Ces fientes, drainées et lessivées par les pluies à la saison humide, produisent une prolifération de phytoplancton, ce fameux maillon de base de la chaîne alimentaire.

Le marais de Kaw a donc livré la réponse à la question que se posaient les écologues quant au premier échelon de cette pyramide écologique : nous sommes bien ici en présence d'un écosystème dont le fonctionnement est étroitement lié à la succession des saisons.

Les recherches écologiques menées sur le marais de Kaw sont exemplaires. Elles témoignent de la capacité manifestée par les spécialistes de disciplines différentes de « décortiquer » ensemble le subtil fonctionnement d'une chaîne alimentaire dont les maillons classiques sont successivement, ici : le phytoplancton, puis le zooplancton à base de rotifères, puis les poissons, d'abord herbivores puis carnivores, et enfin, au sommet de la pyramide, les caïmans noirs dont le marais de Kaw semble constituer le dernier sanctuaire protégé en Amérique latine. Car ces animaux très recherchés par l'homme ne peuvent subsister que dans des écosystèmes inaccessibles aux chasseurs.

Et les hommes, dans tout cela, en général si impliqués dans la modification et souvent la destruction des écosystèmes ?

Au bord du marais, voici le petit village de Kaw, endormi sur un banc de sable. Aucune voiture, aucun avion n'y mène : on y compte une soixantaine de Noirs marrons, descendants d'esclaves ayant pris le large, et de créoles. Ils vivent de la pêche en pirogue dans la rivière de Kaw, ignorant que, tout près d'eux, grouille la plus grande population de caïmans noirs d'Amérique, alors que dans la rivière même on n'en a pas vus de si gros depuis des lustres.

L'Afrique comporte aussi de telles particularités concernant cette fois d'autres crocodiles, ceux du Nil. Théodore Monod, éminent spécialiste des déserts, en a trouvé dans des grottes, sous des plateaux rocheux de Mauritanie, et au Tchad à la lisière sud du Sahara. Leur présence nous rappelle que ce désert fut, il y a dix mille ans, une merveilleuse savane, avec une faune sauvage très riche où figuraient lions, girafes et naturellement crocodiles. Depuis lors, le Sahara s'est desséché et le désert n'a cessé de repousser la savane vers le sud. Du même coup, des crocodiles ont été isolés de toute autre population crocodilienne, prisonniers du désert. La question de leur alimentation se pose au même titre que celle des caïmans noirs : ils semblent se nourrir d'oiseaux qui font escale dans ces grottes, de poissons, mais aussi de moutons venus y boire. En tout cas, un régime maigre, si l'on en juge par leur taille, car ils ne mesurent guère plus de 2,20 mètres au lieu des 6 mètres que font les crocodiles du Nil auxquels ils sont étroitement apparentés et qui vivent en moyenne quatre-vingts ans. Combien de temps ces crocodiles pourront-ils subsister dans ces minuscules habitats humides, parmi ces massifs rocheux, alors que la désertification du Sahara ne cesse de s'accentuer ?

En fait, ces animaux sont peut-être isolés depuis des milliers de générations : en effet, un crocodile commence à se reproduire dès l'âge de dix ans et le Sahara ne se désertifie que depuis dix mille ans. Cette longue période d'isolement pose une question théorique : ces crocodiles font-ils toujours partie de l'espèce des crocodiles du Nil ? Ou bien forment-ils désormais une nouvelle espèce, séparée de l'espèce-mère par les mécanismes de l'évolution différentielle due à l'isolement et au nonbrassage des gènes avec leurs congénères vivant dans des milieux plus accueillants ?

Autre question encore : comment ces crocodiles, qui ont un sens aigu du territoire – ils se combattent quand ils sont, comme chacun sait, trop nombreux dans le même marigot –, réussissent-ils à vivre ensemble, confinés dans ces milieux de dimensions extrêmement réduites ?

Comme les caïmans du marais de Kaw, ces crocodiles vivent dans un parfait isolement, mais c'est bien là leur seul point commun, car les premiers jouissent de conditions climatiques tout à fait favorables alors que les seconds subissent la désertification rapide du Sahara qui les met directement en péril. Dans les deux cas, il y a bien isolement, mais celui-ci se produit dans des conditions toutes différentes, à l'évidence bien plus favorables aux caïmans qu'aux crocodiles du Nil enfermés dans des grottes dont l'environnement ne cesse de s'aridifier.

TROISIÈME PARTIE

Des forêts anglaises à la Grande Prairie américaine :

la dynamique des écosystèmes

CHAPITRE 8

L'ÉCOLOGIE EN CHIFFRES

Les écologistes sont les apothicaires de la nature : comme ces derniers, ils aiment les comptes exacts. Ainsi chaque écosystème fait-il l'objet d'un décompte précis de la masse totale de matière vivante, animale et végétale, qui le constitue : c'est sa biomasse. Les écologistes mesurent aussi la quantité de matière vivante produite en un temps donné : c'est la productivité. Cette dernière se décompose à son tour en productivité primaire, exclusivement végétale, résultant de la photosynthèse, et productivité secondaire, constituée par la masse globale des animaux peuplant l'écosystème.

Au nord-ouest de la Grande-Bretagne, la forêt de Meathop Wood peut être considérée comme le prototype d'une forêt européenne à feuilles caduques en climat tempéré atlantique. Les chênes dominent, mais on y trouve aussi des frênes, des bouleaux, des érables ; sous ces arbres, les noisetiers sont abondants. Au sol, le tapis herbacé comporte des ronces, mais aussi de jolies jacinthes bleues, tout à fait caractéristiques des sous-bois atlantiques, des anémones et des mercuriales pérennes. Il s'agit bien sûr d'une forêt profondément modifiée par l'homme et exploitée par ses soins, dont la structure et le fonctionnement diffèrent sans doute fortement de ce que serait en Europe une forêt vierge, type d'écosystème qui a aujourd'hui pratiquement disparu.

La totalité de la matière vivante de la forêt de Meathop Wood représente 140 tonnes à l'hectare en arbres et arbustes. Ces 140 tonnes se décomposent de la manière suivante : 112 647 kilos à l'hectare – on voit que les écologues sont précis ! – de troncs et de branches, 3 152 kilos de feuilles, 23 788 kilos de racines. La matière végétale enterrée est donc très inférieure à la végétation aérienne. Quant au tapis herbacé, il représente seulement 1 596 kilos à l'hectare. Comparée à ces données à six chiffres, la biomasse animale est des plus modeste. Les herbivores de la strate aérienne ne représentent qu'une biomasse de 3 kilos à l'hectare, dont 2 pour les vertébrés – un chevreuil pour 75 hectares – et un pour les invertébrés[1]. En revanche, dans le sol, la biomasse animale est nettement supérieure, avec 12 kilos à l'hectare pour les lombrics (c'est-à-dire les vers de terre), autant pour les arthropodes (essentiellement des insectes) et 5 kilos pour les mollusques. Les bactéries ne représentent que 2 kg, mais les champignons 454 kilos ! Le feutrage de filaments de ceux-ci constitue les mycorhizes ; fixées sur les racines, elles les aident à s'approvisionner en eau et en sels minéraux du sol, en particulier en phosphates[2].

Mais poursuivons notre exercice de comptabilité : le sol est recouvert de bois tombé des

1. Ces chiffres nous paraissent faibles. Dans d'autres forêts européennes de même structure on dénombre 1,3 kg/ha pour les oiseaux, 5 kg pour les petits mammifères et 2 kg pour les gros, tels les chevreuils.

2. On se reportera sur ce point à mon ouvrage *La Solidarité chez les plantes, les animaux et les humains*, Fayard, 2004.

arbres à raison de 5 236 kilos à l'hectare. Cependant la plus grande partie de la matière organique présente dans cette forêt consiste dans l'humus du sol, qui représente au total 240 tonnes à l'hectare, soit la fraction la plus importante de la biomasse totale de la forêt.

En additionnant les 140 tonnes d'arbres et d'arbustes, les 1 596 kilos d'herbes, les 3 kg d'animaux, les 491 kilos de champignons, de lombrics, d'arthropodes, de bactéries, de mollusques et d'autres animaux du sol, les 5 236 kilos de bois tombés et enfin les 240 tonnes de matières organiques mortes du sol, on obtient une biomasse totale de matière organique morte et vivante s'élevant à 392 tonnes à l'hectare.

Ce bilan une fois posé, il convient aussi d'établir le compte d'exploitation tel qu'il résulte du fonctionnement de l'écosystème.

La quantité d'énergie lumineuse incidente utilisée pour la production végétale (ou production primaire) résultant de la photosynthèse représente 1,91 % de l'énergie lumineuse totale reçue par la forêt, ce qui correspond à la production d'une biomasse de 13 110 kilos par hectare et par an. Cette productivité primaire d'environ

13 tonnes par hectare et par an caractérise la plupart des forêts des régions tempérées. La plus grande partie de cette productivité primaire est stockée dans le bois, assurant d'autant l'accroissement de la biomasse, ou bien tombe sur le sol sous forme de feuilles mortes et de débris ligneux constituant la litière qui sera la proie des décomposeurs. La chute annuelle de litière représente 5 133 kilos par hectare et par an, à quoi s'ajoutent les matières organiques apportées au sol grâce au lessivage des troncs et des feuilles par les eaux de pluie, soit 311 kilos par hectare et par an.

L'accroissement net de la biomasse fixée, donc hors les chutes de feuilles et de rameaux, représente l'*incrément* ligneux. Cette notion d'incrément exprime une addition, une croissance, par opposition à l'excrément qui désigne une soustraction, une perte.

La quantité de biomasse effectivement fixée par la forêt est inférieure à la production photosynthétique totale, car il convient de soustraire les pertes dues de jour comme de nuit à la respiration des plantes. Cette respiration brûle, grâce à l'oxygène de l'air, la matière végétale avec dégagement de gaz carbonique. La photosynthèse fait l'inverse et fixe du gaz carbonique sous forme de matière première végétale en dégageant de l'oxygène. Les deux phénomènes ne s'équilibrent pas exactement, la balance penchant du côté de la production photosynthétique, plus importante que la combustion par respiration – d'où un bilan net positif correspondant à l'incrément ligneux.

L'action des décomposeurs sur les litières est intense et dégage par respiration d'importantes quantités de gaz carbonique ; les champignons, qui ne font pas de photosynthèse, faute de chlorophylle, jouent le rôle essentiel, suivis des bactéries, puis d'invertébrés tels que les lombrics.

Dans les forêts tropicales, la biomasse est généralement supérieure à celle des forêts tempérées : elle est par exemple de 450 tonnes à l'hectare dans la forêt de Pasow, en Malaisie. La productivité primaire brute y est élevée, atteignant 77,2 tonnes à l'hectare ; mais la température, élevée elle aussi, provoque une respiration intense, ramenant la productivité nette à 26,7 tonnes à l'hectare (qui reste nettement supérieure à celle d'une forêt tempérée). Quoi qu'il en soit, les écosystèmes forestiers se caractérisent par la part très importante de la biomasse située au-dessus du sol, toujours très supérieure à la biomasse qui s'y trouve enfouie.

Ce caractère oppose la forêt aux formations herbacées comme les prairies, où la biomasse souterraine est nettement supérieure à celle qui émerge du sol. C'est ce qui ressort par exemple de l'étude écosystémique d'une prairie pâturée de Normandie. Ces prairies représentent un écosystème artificiel entièrement créé par l'homme pour assurer l'élevage du bétail après élimination des forêts spontanées de chênes et de hêtres. Ce défrichement a commencé au Moyen Âge et la surface consacrée aux prairies n'a cessé d'augmenter depuis lors ; elle est passée en France de 5,8 millions d'hectares en 1840 à 13,6 millions d'hectares en 1970.

Une prairie est un écosystème simplifié, dominé par diverses espèces d'herbes appartenant pour la plupart à la famille des poacées (graminées). Ces herbes sont en quelque sorte des archétypes par leurs feuilles étroites et allongées au bord parfois coupant, et leurs épis de petites fleurs serrées et sans pétales ; car, dès lors qu'elles sont pollinisées par le vent, elles n'ont nul besoin de se mettre en frais pour attirer les insectes par de belles corolles, un nectar abondant, un parfum suave. Rien de tel chez les graminées, qui marchent à l'économie ! Mélangés à un panel de graminées, figurent également le trèfle, des renoncules, la cardamine, çà et là quelques chardons, etc. Les consommateurs de cette végétation herbacée sont des bovins élevés par l'homme.

Les graminées qui dominent dans la prairie sont particulièrement adaptées au broutage par les animaux. Leurs feuilles, en effet, ne s'accroissent pas par leur extrémité, mais par leur base, de sorte qu'elles résistent bien au piétinement et que les repousses continuent malgré le pâturage. De plus, leur croissance s'effectue par des bourgeons latéraux, si bien que l'herbe n'est pas tributaire d'un bourgeon terminal dont la disparition par broutage entraînerait sa destruction. Dans le sol, la racine principale a disparu, remplacée par un faisceau de racines adventives, ce qui accroît la biomasse hypogée (sous le sol) qui, pour ce type de prairie, atteint 80 % de la biomasse totale. Ce dense réseau de racines interdit l'installation d'autres végétaux, notamment arbustifs ou arborescents.

La prairie normande inverse donc la répartition, observée dans une forêt, entre la biomasse enterrée et la biomasse hors sol. Cela est vrai de la biomasse végétale comme de la biomasse animale, très supérieure dans le sol où les lombrics peuvent atteindre une à deux tonnes à l'hectare, sans oublier quelques taupes ou campagnols. À la surface du sol circulent de nombreux invertébrés dont des collemboles, des acariens, des araignées et bien entendu des fourmis, sans oublier les mollusques phytophages comme les limaces, ou encore d'autres espèces phytophages comme les tipules et les pucerons, qui attaquent les végétaux vivants. Les tipules sont des diptères phytophages voraces qui, certaines années, pullulent au point de représenter une biomasse de 670 kilos à l'hectare ! Ainsi, en 1962, ont-ils consommé sur un hectare de prairie autant d'herbe qu'une vache...

Les saprophages se nourrissent de matière organique en décomposition : c'est le cas de nombreuses larves et des bousiers qui exploitent les excréments de bovins. Ces bouses peuvent recouvrir jusqu'à 10 % de la surface du sol et favorisent l'apparition de végétaux que les bovins refusent. Elles sont recyclées par moitié dans l'humus, fournissant de l'azote au sol, l'autre moitié constituant le point de départ de chaînes alimentaires comportant deux tiers de coprophages, qui se nourrissent d'excréments (bousiers et scarabées notamment), et un tiers de prédateurs (diptères et coléoptères, qui régulent les populations des précédents), soit au total 2 grammes d'insectes par kilogramme de bouse.

Et maintenant, les comptes d'apothicaire appliqués à la prairie normande : sa biomasse totale est estimée à 18,52 tonnes à l'hectare, dont 3,12 tonnes seulement poussent au-dessus du sol, 1,6 tonne représente la litière et 13,8 tonnes, hypogées (sous le sol), correspondent à l'important système racinaire et à l'épaisse couche d'humus. La productivité primaire résultant de la photosynthèse est presque égale à la biomasse, celle-ci se renouvelant presque entièrement chaque année. Elle atteint 17,46 tonnes par hectare et par an. Le troupeau de bovins, comportant en moyenne 3,2 animaux à l'hectare, consomme 85 % des parties aériennes, tandis que les invertébrés phytophages en consomment 7,75 %. Le reste de la productivité primaire n'est pas consommé et constitue la litière. Le rendement de cet écosystème, en particulier la productivité secondaire correspondant aux bovins et aux invertébrés, est très élevé : il représente plus de 10 % de la production primaire en surface.

Nous avons affaire ici à un écosystème optimum pour la production de viande et de lait. Il est très simplifié, à deux étages : l'herbe et les bovins, même si une foule de petits animaux prennent une part somme toute modeste au banquet.

La comparaison entre ces deux écosystèmes, forêt tempérée et prairie, met en lumière leurs caractéristiques propres : en forêt, l'essentiel de la biomasse est hors sol ; pour la prairie, c'est l'inverse. Mais la part des herbivores dans l'écosystème prairial est beaucoup plus élevée qu'en forêt : ici, un chevreuil pour 75 hectares, là, trois à quatre têtes de bétail à l'hectare. Ces écosystèmes sont donc parfaitement adaptés au service qu'on en attend : le bois pour la forêt, le bétail pour la prairie. Ils ont en commun d'être l'un et l'autre fortement marqués par l'homme, qui vise à en obtenir le maximum de profit pour ses propres besoins. Dans l'un et l'autre cas, l'homme tire en quelque sorte la nature à lui, une nature profondément humanisée et artificialisée dans les régions où il a de longue date entrepris de l'apprivoiser.

CHAPITRE 9

TORNADES SUR LA GRANDE PRAIRIE AMÉRICAINE

Nous sommes à la fin du XIXe siècle aux États-Unis. La ruée vers l'Ouest se poursuit à un rythme effréné. Des concessions gouvernementales sont accordées aux pionniers, mais avant que ceux-ci ne retournent la terre des grandes prairies de l'Ouest américain, les scientifiques tentent fébrilement d'identifier et de répertorier les espèces sauvages qui poussent sur ces immensités. Leur leader est le professeur Bessey, grand nom de la botanique américaine, enseignant à l'université du Nebraska, dans la ville de Lincoln.

Bessey avait un élève qu'il chérissait particulièrement, Frédéric Cléments. Celui-ci, pur produit de ce monde sans racines, aux frontières d'une civilisation qui pénétrait peu à peu le Nebraska, fit une brillante carrière dans plusieurs universités américaines jusqu'à sa retraite en 1941. Une idée majeure domine son œuvre : « La végétation est essentiellement dynamique. » Selon lui, les communautés naturelles de plantes changent avec le temps, et il appartient à l'écologiste de se faire aussi historien de la nature : il lui faut retracer la succession des différentes formations végétales qui occupent, chacune pendant un certain temps, le terrain avant de disparaître pour être remplacées par d'autres. Bref, les paysages évoluent à travers des formations végétales qui se font et se défont sans cesse.

Cléments introduit donc l'idée de changement pour une meilleure compréhension des formations végétales. Mais il pense aussi que ces changements successifs finissent toujours par aboutir à un état de stabilité qu'il qualifie de climax. Arrivée à ce stade ultime de développement, la formation végétale est en parfait équilibre avec le sol et le climat qui la déterminent. Pour Cléments, au cours des premiers stades, les conditions pédologiques, c'est-à-dire concernant le sol, sont déterminantes dans la sélection des végétaux ; mais ensuite, selon lui, les communautés qui apparaissent sont de moins en moins tributaires du sol et le sont de plus en plus du climat. Une vision que la science moderne a quelque peu contredite, dans la mesure où ces deux facteurs interviennent simultanément et parfois avec une égale importance.

Cléments nourrissait une autre conviction, influencée par le courant organiciste en vogue à l'époque : d'après cette thèse, la succession des stades marquant le développement de la formation végétale serait comparable, mais à un niveau de complexité supérieur, aux étapes successives marquant la croissance d'un organisme animal ou végétal. Il n'hésitait pas à affirmer que la formation finale, qu'il appelait « climacique », était en réalité « un organisme complexe [...] d'un ordre supérieur à un géranium, un rouge-gorge ou un chimpanzé [...]. Comme eux elle procède d'un organisme unifié dans lequel le tout est plus que la somme des parties. Elle constitue un être organisé d'un type différent, doué de propriétés nouvelles. » Bref, « l'unité écologique de la formation climacique est une entité organique ; comme un organisme, la formation apparaît, grandit, mûrit et finit par mourir. Le climax est son stade adulte, une communauté pleinement développée dont les phases initiale et intermédiaires constituent les stades de développement ». Chez Cléments, l'écologie fait donc bon ménage avec cette philosophie organiciste chère au philosophe évolutionniste anglais Herbert Spencer.

Cléments concentre ses travaux sur l'écologie de la Grande Prairie américaine qui, selon lui, représente le climax de ces vastes régions à faibles précipitations, exposées à des vents desséchants, où l'humidité reste confinée aux couches supérieures du sol. Dans son Nebraska natal, la Prairie s'étend à perte de vue : elle occupe toute la partie centrale du continent. Cette formation végétale couvrant des millions d'hectares peut se diviser en trois zones ; la première, au pied des montagnes Rocheuses, s'étend du Montana au Texas et est limitée à l'est par le centième degré de longitude nord. Elle est dominée par l'herbe à buffle [1], qui ne dépasse guère 12 centimètres de hauteur. Plus à l'est, du Dakota du Nord à l'Oklahoma, en passant par le Dakota du Sud, le Nebraska et le Kansas, les précipita-

1. *Buchloe dactyloides.*

tions, augmentant légèrement, favorisent une prairie d'herbes plus variées et plus hautes. Plus à l'est encore, d'autres graminées atteignent cette fois plus de 2 mètres de haut, leurs racines plongeant profondément dans une terre noire, riche en humus. Telles sont les trois bandes orientées nord/sud qui forment la Grande Prairie. En poursuivant vers l'est, en même temps qu'augmente la pluviométrie, des arbres apparaissent, et la forêt finit par s'installer.

Quoique divisée en trois bandes nord/sud qui se différencient au fur et à mesure que l'on progresse vers l'est, la végétation climacique de la Grande Prairie existe depuis des millions d'années ; elle est formée d'espèces dominantes qui ont peu varié au fil du temps : des herbes ondoyant sous des vents puissants. C'est aussi la patrie des chiens de prairie et des coyotes, des lièvres, des alouettes, des grues et naturellement des bisons, immigrés d'Asie par le détroit de Behring lorsque celui-ci, durant la période des glaciations, permit un passage à sec. Le bison fut suivi par l'immigration concomitante de chasseurs asiatiques dont il était le gibier favori. Peaux-Rouges d'origine asiatique et bisons devinrent les symboles de la Prairie.

L'équilibre qui s'ensuivit fut totalement

détruit par l'invasion subite de l'homme blanc. Tous les bisons, hormis quelques centaines, furent massacrés, tandis que l'armée américaine « s'occupait » des Peaux-Rouges, tant et si bien que l'année 1876 marque pratiquement la disparition des deux principaux habitants de la prairie. Désormais, les titulaires de concessions gouvernementales pouvaient enfoncer le soc de leur charrue dans l'herbe haute ou courte, afin de « mettre en valeur » ces horizons sans fin. Et Cléments de repérer dans cette invasion de l'homme blanc des stades successifs comparables à ceux qu'il avait observés dans l'évolution de la végétation : d'abord trappeur, puis chasseur, pionnier, fermier, enfin citadin. Une conception de l'évolution sociale coïncidant avec la vision des Encyclopédistes français, pour lesquels l'histoire consistait en une succession de stades depuis les sociétés primitives jusqu'à la civilisation européenne.

Il apparut malheureusement que les deux lignes de développement, celle conduisant à l'équilibre climacique de la Prairie et celle débouchant sur les grandes structures agricoles mises en œuvre par les planteurs, étaient incompatibles, ainsi que le montra un épisode tragique de l'histoire américaine : le *Dust Bowl*. C'est que les terres labourées, surtout en période de sécheresse, offraient une bonne prise au vent, d'où une érosion éolienne intense...

Si le vent souffle en permanence sur la Grande Prairie du Middle West, le 14 avril 1934 vit un vent enragé pousser une énorme tornade de poussière venue du nord sur le Texas, laissant derrière elle une couche de poussière atteignant par endroits jusqu'à 6 mètres d'épaisseur ! Le 10 mai de cette même année, une tempête analogue déposa sur Chicago 12 millions de tonnes de terre en provenance de l'Ouest. Les vents d'ouest chargés de poussière atteignirent la côte atlantique, n'épargnant pas même la Maison-Blanche ni les bateaux croisant en mer. De telles tempêtes s'étaient déjà produites, mais jamais avec une telle violence. Les cultures étaient ensevelies sous la poussière, effacées du paysage. Cette fine poussière s'insinuait dans tous les interstices et envahissait les maisons, malgré linges et serpillières mouillés disposés contre portes et fenêtres. On connut ainsi trente-deux tempêtes de ce type en 1934, soixante-huit en 1936, soixante-douze en 1937. Comment conjurer un pareil désastre ?

Les températures dans les Grandes Plaines dépassaient 40 °C en été, soit une sécheresse mortelle pour les plantes sauvages ou cultivées. Les États-Unis, grenier à céréales du monde, durent importer du blé, tandis que la catastrophe déclenchait un véritable exode vers la Californie – exode que John Steinbeck mit en scène avec un réalisme cru dans *Les Raisins de la colère.*

Dieu merci, la fin des années 30 fut à nouveau pluvieuse. Les agronomes se cassèrent la tête pour éviter que de telles catastrophes ne se reproduisent. On découvrit tout l'intérêt de conserver une couche herbacée, et de nombreuses terres furent mises en pâturage. On adapta le nombre de têtes de bétail aux ressources disponibles afin d'éviter les risques de surpâturage qui eussent à nouveau mis le sol à nu. On eut aussi soin de laisser les chaumes en place, protégeant ainsi le sol du vent tout en y conservant l'humidité. Bref, les hommes durent se plier aux exigences d'une nature qui les évince sitôt qu'ils prétendent la violer[1].

---

1. On se reportera, pour plus de précisions sur le déroulement du *Dust Bowl*, à mon ouvrage *Le Tour du monde d'un écologiste*, Fayard, 1990.

La crise du *Dust Bowl* attira l'attention des écologistes sur le rôle déterminant de l'homme dans l'évolution des écosystèmes. Il fallut désormais intégrer l'homme dans l'écologie et parvenir à des compromis entre respect de la nature et activités humaines. L'écologie sortait du monde clos des universités pour devenir une réalité économique et politique présente à l'esprit du grand public.

CHAPITRE 10

L'ÉCOLOGIE EN MOUVEMENT

Cléments est incontestablement le père de la notion de « climax », si importante en écologie. Pour atteindre ce climax, différents itinéraires sont possibles selon la nature du milieu qui marque le début de la séquence. Ainsi un terrain limoneux récemment dénudé se couvre-t-il rapidement d'une végétation disparate de plantes annuelles. Le recouvrement végétal offre le spectacle d'un grand désordre : ici, une espèce prolifère en abondance ; là, c'en est une autre. Deux stations voisines, semblables quant à la nature du sol, peuvent ainsi être occupées par des populations végétales différentes. En résulte une absence d'homogénéité qui confère à la végétation un aspect caractéristique, dit « en mosaïque ». Ce phénomène s'explique par l'arrivée irrégulière des graines de telle ou telle espèce qui s'installent et germent sur le lieu de leur atterrissage. Ces graines de plantes pionnières, en germant, marquent le point de départ de la recolonisation végétale. D'autres espèces auraient pu se présenter, mais elles ont été empêchées de participer à l'occupation du sol par le fait qu'aucun de leurs individus ne végétait à proximité du terrain à coloniser. Il ne se trouvait pas de graines de ces espèces ou bien quelque obstacle n'a pas permis à ces graines d'y parvenir.

Puis débute la deuxième phase du repeuplement. Les plantules de plantes vivaces voient le jour, d'abord peu apparentes sous les annuelles à la vitalité exubérante ; mais ces plantes vivaces se multiplient et prennent bientôt possession de la station à laquelle elles confèrent une physionomie nouvelle. Par exemple, les grandes feuilles du pas-d'âne ou tussilage forment un tapis épais et continu traversé çà et là par des touffes d'armoise. Dès lors, les espèces annuelles se raréfient. Si l'évolution de la végétation peut se poursuivre librement, des plantes ligneuses apparaissent sur ce terrain vague, notamment le saule, le tremble, le bouleau, l'orme, qui prennent progressivement une importance de plus en plus grande et finissent par constituer une forêt qui étouffe les plantes initialement présentes dans la station : d'un recouvrement d'annuelles en mosaïque avec des plages nues, on aboutit à un espace entièrement couvert d'arbres et d'arbustes.

Cependant, dans certaines formations, il peut advenir que l'aspect en mosaïque demeure longtemps ; c'est le cas, par exemple, pour les roseaux, les massettes ou les rubaniers : ces espèces subaquatiques forment souvent des peuplements purs qui se juxtaposent sans s'entrepénétrer.

À chacun des stades successifs de végétalisation une intense sélection est à l'œuvre : au départ, certaines graines ne germent pas et finissent par mourir ; des plantes appartenant à une même espèce ou à plusieurs entrent en concurrence au fur et à mesure que le couvert végétal se referme : les racines alors s'entremêlent, descendant vers des zones profondes du sol pour y puiser l'eau et les substances minérales, tandis que les tiges s'allongent et que les feuilles s'étalent de façon à recueillir un éclairage maximum. Les plantes les plus délicates ne résistent pas à cette compétition sévère. Elles sont inexorablement éliminées, parce que fragiles ou moins bien adaptées au milieu ambiant, qui sélectionne individus et espèces dont les exigences écologiques sont en rapport avec les caractéristiques de l'environnement.

Une conséquence de cette compétition est l'apparition d'une structure verticale de la végétation qui se manifeste dans l'espace lorsque les organes aériens se disposent sur plusieurs strates : arbres, arbustes, herbes, mousses ; leurs racines, à l'inverse, exploitent le sol à des niveaux différents, les arbres exploitant le sol en profondeur, les mousses à proximité immédiate de la surface. Grâce à cette disposition en strates, au partage de la lumière et des ressources alimentaires, la concurrence perd de son acuité entre chaque espèce vivant à sa place, dans sa strate. Le tapis végétal est alors mûr et a remplacé les groupements pionniers.

Dans n'importe quel cas de figure, la série évolutive des groupements successifs se veut progressive : une association végétale de structure plus complexe succède à une association plus simple et moins bien structurée. La végétation évolue par paliers, chacun étant provisoire, jusqu'à ce que soit enfin atteint un équilibre final entre le sol, le climat et la végétation – autrement dit le climax.

Ainsi, par exemple, à partir d'un sable sec et nu se succéderont : d'abord une pelouse ouverte à graminées[1], puis une lande herbeuse de bruyères, de callunes et de fétuques, suivie à son tour par une lande à callunes et à genêts formant un dépôt d'humus brut à la surface du sable. S'y installent alors des boqueteaux de bouleaux, remplacés à leur tour par une chênaie à chênes sessiles.

Une série plus complexe et plus riche peut aussi être signalée, partant cette fois d'un milieu aquatique où se succéderont d'abord des algues flottantes ou fixes, puis des plantes franchement aquatiques et submergées[2], puis des plantes amphibies colmatant le fond où s'installeront des sphaignes ; celles-ci transforment la mare en tourbière qui peu à peu s'assèche, portant une lande à callunes, laquelle évolue ensuite comme ci-dessus vers une chênaie sessile.

1. *Corinephorus canescens.*
2. *Potamogeton polygonifolius.*

Ici, dix stades de colonisation se succèdent, des eaux libres à la forêt. Tel est le sort, sur le long terme, d'un étang non entretenu. On notera que les stades initiaux de ces deux séries, l'un terrestre, l'autre aquatique, sont tout différents ; ils aboutissent néanmoins, sous le même climat, au même climax.

Divers facteurs peuvent bloquer l'évolution de la série vers le climax, notamment des interventions humaines. Ainsi, l'installation de moutons sur des landes à bruyère callune maintiendra la végétation dans cet état pendant des siècles. On le vérifie bien, par exemple, dans les landes d'Allemagne du Nord. Mais que cette pratique pastorale extensive soit abandonnée et, très vite, les bouleaux s'installent : la dynamique de la végétation reprend son essor et la lande se boise spontanément, progressant vers le climax – une chênaie à chênes sessiles.

Outre ces séries progressives complexes aboutissant au climax, on peut aussi observer dans la nature des séries évolutives régressives dont l'homme est souvent responsable.

Soit, par exemple, une hêtraie installée sur un sol calcaire et abusivement exploitée : les clairières se multiplient, la forêt est détruite et remplacée par des noisetiers que le pâturage dégrade de plus en plus, jusqu'à aboutir à une élimination complète des espèces ligneuses, remplacées par une pelouse. Sur ce couvert végétal appauvri, le ruissellement des eaux de pluie provoque une intense érosion : après chaque averse, de fines particules du sol sont emportées jusqu'à ce que la roche mère apparaisse en surface ; des nappes de cailloutis s'étendent, occupées par quelques espèces spécialisées mais très dispersées. Au terme du processus apparaît un groupement végétal très simple, et l'on en revient au stade de la végétation pionnière.

Les idées de Cléments sur la dynamique de la végétation ont marqué un grand progrès dans la compréhension des écosystèmes et de leur évolution. Elles impliquent la notion de changement, la stabilité n'apparaissant qu'à la suite de modifications successives, ces fameuses séries évolutives qui aboutissent au climax. Mais le climax non plus n'est pas éternel, comme on l'a vu par exemple pour la Grande Prairie américaine, radicalement bouleversée par les intrusions humaines. De graves accidents climatiques, comme les glaciations, peuvent de même perturber une formation climacique. L'histoire de la végétation s'inspire en cela des ressorts de l'Histoire tout court, qui alternent périodes de stabilité et époques d'évolution accélérée.

Ces successions dans le temps s'accompagnent de successions dans l'espace : la végétation est climacique ici, en pleine évolution là, après un accident, un incendie, une inondation qui, entraînant une déforestation, a dénudé le sol et induit la remise en œuvre du processus de colonisation. Les sociétés végétales évoluent donc comme les sociétés humaines, celles-ci n'étant pas plus stables que celles-là.

Il ne m'a fallu qu'une soixantaine d'années pour voir en Auvergne, en pays de Combrailles, se transformer un paysage de landes à bruyère en une dense forêt qui ne laisse plus aucune place à la bruyère. Dans ce même bourg, pendant la même période, tout a changé, on est passé de la vie rurale d'avant-guerre à la vie moderne, avec son lot d'engins et de technologies qui n'avaient alors pas cours.

Dans les deux cas, la série est progressive ; mais si le climax semble atteint par la forêt, on peut se demander s'il existe un climax pour les sociétés humaines, engagées dans des processus continus de croissance économique et de mutations technologiques qui modifient sans cesse leur équilibre. Contrairement au postulat actuel magnifiant la croissance, le philosophe Stuart Mill évoquait et prônait un « état stationnaire » où l'économie atteindrait un équilibre stable et permanent, un climax en quelque sorte. Le « développement durable » s'inscrit bien dans ce type de préoccupation... Mais verra-t-il le jour ? En ce domaine, tout reste à faire !

QUATRIÈME PARTIE

Les grands sinistres écologiques :
la destruction des écosystèmes

CHAPITRE 11

DÉSERTIFICATION EN RÉGION MÉDITERRANÉENNE

J'ai enseigné pendant près d'un quart de siècle l'écologie au collège d'Europe de Bruges. Cette institution universitaire s'adresse à des étudiants de troisième cycle destinés pour la plupart à faire carrière au sein des institutions européennes. Lorsque la petite Europe de départ, l'Europe des Six, s'ouvrit à l'Europe du Sud en intégrant la Grèce, l'Espagne et le Portugal, j'orientai mon enseignement – tout au moins en partie – sur l'écologie du bassin méditerranéen. À travers des échanges fréquents et fructueux avec mes étudiants, j'appris à repérer les préoccupations écologiques propres à chaque pays. Alors que la protection des forêts était la préoccupation principale des Scandinaves et que les Allemands insistaient sur la protection de la nature et la nécessité de passer rapidement aux énergies renouvelables, les étudiants de l'Europe du Sud avaient des préoccupations toutes différentes.

Ainsi, les Grecs manifestaient leur inquiétude quant aux effets de la pollution atmosphérique sur l'agglomération d'Athènes-Le Pirée. Ils semblaient d'ailleurs plus préoccupés par l'impact de cette pollution sur le Parthénon que sur la santé de leurs concitoyens. Année après année, les Grecs pleuraient sur leur Parthénon, rongé et sali par la pollution de l'air. Les Espagnols, au contraire, évoquaient invariablement la désertification subie par l'Espagne au cours du dernier millénaire, préoccupation totalement étrangère aux étudiants hellènes. Tout se passait comme si ces derniers avaient gommé de leur mémoire collective la Grèce riante et boisée d'Homère et des bergers d'Arcadie. Platon écrivait pourtant déjà au siècle de Périclès, à l'apogée de la civilisation grecque, que « notre terre est demeurée par rapport à celle de jadis comme le squelette d'un corps décharné par la maladie ». Plus de deux mille ans plus tard, en 1835, dans son *Voyage en Orient*, Lamartine enchaînait en déplorant que « cette terre de Grèce n'est plus que le linceul d'un peuple ; cela ressemble à un vieux sépulcre dépouillé de ses ossements et dont les pierres mêmes sont dispersées et brunies par les siècles ». Plus trace, donc, de l'abondante végétation méditerranéenne qui couvrait peut-être encore la Grèce à l'époque d'Homère, il y a près de trois millénaires.

On s'est naturellement interrogé sur les causes d'un processus de désertification aussi rapide et radical. Pour les uns, comme Huntington, par exemple, elle s'expliquerait par une accentuation progressive de l'aridité, conséquence d'une évolution naturelle perceptible tout autour du Sahara : l'aridité s'y accentue en effet par le jeu de facteurs climatiques étrangers à toute influence humaine. Pour d'autres, comme Théodore Monod, l'homme, par ses activités pastorales et le surpâturage qui en découle, est le principal agent responsable de cette désertification. Ces deux opinions comportent sans doute chacune une part de vérité et il n'est pas interdit de penser que les deux phénomènes ont agi de pair, se renforçant l'un l'autre par leurs effets. La Grèce d'Homère tirait sa richesse de ses abondants troupeaux de chèvres et de moutons, dont on sait que la dent ravageuse est impitoyable aux herbages. À l'époque de Platon, soit quatre siècles avant J.-C., ces troupeaux étaient déjà moins nombreux et la richesse d'Athènes était due davantage à sa production d'huile d'olive (l'olivier était l'arbre symbole d'Athéna, la grande déesse protectrice de la ville).

Si l'on peut discuter des causes exactes de la désertification déjà fort lointaine de la Grèce antique, celle du Liban, en revanche, est manifestement la conséquence d'un déboisement massif du fait de l'homme. Dans la Bible, le Ier livre des Rois relate avec force détails le commerce entre le roi Salomon et le roi Hiram, souverain de Tyr. Ce dernier livrait à son homologue d'Israël les cèdres du Liban nécessaires à la construction du temple de Jérusalem, en échange de blé et d'huile d'olive[1]. Des cèdres furent aussi exportés jusqu'en Perse pour la construction des palais de Persépolis. On n'oubliera pas que le bois de cèdre était aussi un matériau nécessaire à la construction des navires et que la flotte du roi Nabuchodonosor,

1. Ier livre des Rois, 5-15 à 7-51.

qui sillonna le Tigre et l'Euphrate, en exigea des tonnages impressionnants. Quant à l'Égypte, elle importa elle aussi quantité de cèdres pour la construction de ses temples et de ses palais. Bref, les monts Liban approvisionnèrent en bois de cèdre tous les grands empires de l'Antiquité.

Hiram et Salomon ne se sont sans doute jamais posé la question du renouvellement de cette ressource, convaincus qu'ils étaient du caractère inépuisable de la nature et de sa propension à satisfaire à jamais les besoins humains. Mais il fallut bien déchanter, et la déforestation massive des splendides forêts de cèdres du Liban était déjà quasi consommée à l'arrivée des Romains, maîtres du Liban durant deux siècles, qui limitèrent leurs prélèvements à la seule construction des navires. Puis, l'érosion se perpétuant, l'empereur Hadrien, héros du célèbre roman de Marguerite Yourcenar, fit graver en l'an 125 de notre ère sur les rochers du Liban l'ordre de ne plus couper de cèdres, les quelques arbres restants devant être considérés comme appartenant au domaine impérial : ils devenaient par là même intouchables. Toute première mesure, sans doute, dans l'histoire de la protection de la nature. Depuis lors, cette forêt ne s'est hélas jamais reconstituée, l'Empire ottoman continuant à couper les cèdres dont il ne reste plus que quelques vestiges à Bécharré, au lieu-dit « Les Cèdres ».

Ainsi l'est du bassin méditerranéen subit-il jadis une déforestation et une désertification massives et précoces, prix à payer pour l'épanouissement des brillantes civilisations qui s'y développèrent. À l'ouest, au contraire, en Espagne, le déboisement est beaucoup plus récent, et mes étudiants espagnols ne manquaient jamais de me rappeler ce qu'on leur avait enseigné à l'école, à savoir que l'Espagne était autrefois entièrement boisée et qu'un écureuil pouvait, en sautant d'un arbre à l'autre, la parcourir du nord au sud, des Pyrénées à Gibraltar. Pour qui parcourt aujourd'hui l'itinéraire qui relie Barcelone à Madrid, il est bien clair que le malheureux écureuil ne survivrait pas dans des steppes subdésertiques et arides qui, par endroits, évoquent un véritable désert.

La désertification de l'Espagne, beaucoup plus récente que celle de la Grèce ou du Liban, n'a commencé qu'au XIIe siècle de notre ère, lorsque la reconquête sur les Maures progressa à grands pas. Les souverains de Castille récompensèrent les services rendus par leurs officiers et capitaines dans la lutte contre les infidèles en leur faisant don de terres destinées à l'élevage. Les nouveaux propriétaires se fédérèrent au cours du XIIIe siècle et fondèrent une association d'éleveurs transhumants : la Mesta. Celle-ci fut reconnue par une ordonnance royale de 1273 et bénéficia aussitôt de privilèges exorbitants. Des routes pour la transhumance des troupeaux, larges de 78 mètres, sillonnèrent alors l'Espagne en tous sens. Chaque troupeau comptait mille moutons et traversait le pays deux fois l'an : partant des plateaux du Nord en septembre, ils arrivaient dans les plaines du Sud à la fin octobre et en repartaient en avril. Ces troupeaux étaient naturellement autorisés à pâturer hors de ces voies de circulation, obtenant des municipalités traversées le droit de pâture sur les communaux et les jachères, tandis que, par privilège royal, la Mesta interdisait aux agriculteurs sédentaires de clore leurs lopins ou d'étendre leurs labours.

Naturellement, les différends entre pasteurs transhumants et cultivateurs sédentaires ne tardèrent pas à se multiplier. Ils étaient portés devant un tribunal présidé par l'*alcade entregator*, magistrat nommé par le roi, lequel donnait rarement raison au malheureux paysan, en dépit des destructions causées par les troupeaux.

À partir de 1326, quelques localités obtiennent le privilège de percevoir une taxe sur la transhumance. Au XIVe siècle, à l'élevage du mouton local se substitue celui des mérinos importés du Maroc (du nom des Mérinides, la dynastie alors régnante), qui fournissent une laine de qualité supérieure. La transhumance connaît alors une période de grande prospérité. Elle bénéficie de l'appui sans réserve des rois de Castille, qui voient cette pratique d'un bon œil dans la mesure où l'élevage requiert moins de bras que l'agriculture et laisse donc davantage d'hommes disponibles pour les grandes entreprises militaires et coloniales lancées par l'Espagne en Amérique du Sud.

Le nombre de têtes de bétail ne cesse encore de croître avec l'arrivée de l'« or du Pérou » qui stimule l'essor économique du royaume. Mais cette embellie est de courte durée. À la fin du XVIe siècle, la Mesta a déjà perdu 15 % de ses effectifs par suite de la sécheresse liée au surpâturage. Au XIXe siècle, la Couronne change totalement d'orientation et abandonne la Mesta au profit de l'agriculture. Les souverains décident alors d'autoriser les propriétaires terriens à clore leurs terrains. Ils suppriment la charge d'*alcade entregador* et les privilèges exorbitants qui y étaient attachés. L'élevage devient sédentaire et, en 1836, la Mesta est définitivement abolie.

On prend alors conscience des dégâts irrémédiables causés par la Mesta à la couverture végétale de l'Espagne. À ce sujet, on lit par exemple dans le *Grand Larousse du* XIXe *siècle* en vingt volumes ce jugement sans appel. Évoquant les troupeaux, le rédacteur écrit : « Là où ils sont passés, toute trace de végétation disparaît et l'on n'y voit croître aucun arbre. Quand, sur leur chemin, se trouve un champ cultivé, on doit leur frayer un passage que le malheureux propriétaire a beau rétrécir autant que possible ; car, pressés par les chiens, les bestiaux foulent aux pieds et détruisent complètement tout ce qu'ils ne dévorent pas. En outre, les bergers ont le droit, en passant par les lieux habités, de cueillir pour faire du feu une branche de chaque arbre qu'ils rencontrent ; on peut juger des énormes abus qu'entraînent ces odieux privilèges. » Preuve que, dès le XIXe siècle, les effets désastreux du surpâturage sont déjà connus et dûment évalués, confirmant le célèbre adage attribué à Chateaubriand : « Les forêts précèdent les hommes, les déserts les suivent. »

Mais le bassin méditerranéen n'a pas été la seule région du monde à subir les dégâts de la déforestation et du surpâturage. Le même phénomène a sévi avec plus d'ampleur encore en Chine, où l'ouest du pays était entièrement boisé il y a encore quelques millénaires. À la fin du XIXe siècle, le père Armand David, missionnaire lazariste français, hardi explorateur de la Chine et découvreur notamment du grand panda, note que les destructions massives des forêts de Chine et du Tibet n'ont laissé que « des lambeaux qui ne seront sans doute jamais remplacés ». Insistant sur les dégâts causés par de telles pratiques sur ce qu'on appelle aujourd'hui la biodiversité, il ajoute ces paroles prophétiques : « Avec les grands arbres disparaissent une multitude d'arbustes et d'autres plantes qui ne peuvent se propager qu'à leur ombre, ainsi que tous les animaux petits et grands qui auraient besoin de forêts pour vivre et perpétuer leur espèce. Malheureusement, ce que les Chinois font chez eux, d'autres le font ailleurs. C'est réellement dommage que l'éducation générale du genre humain ne se soit pas assez développée, assez à temps pour sauver d'une destruction sans remède tant d'êtres vivants que le Créateur avait placés sur notre terre pour vivre à côté de l'homme, non seulement et simplement pour orner ce monde, mais pour accomplir un rôle utile et relativement nécessaire en économie générale. Une préoccupation égoïste et aveugle des intérêts matériels nous porte à réduire à une prosaïque ferme ce cosmos si merveilleux pour celui qui sait le contempler. Bientôt le cheval et le porc d'un côté, de l'autre le blé et la pomme de terre vont remplacer partout ces centaines, ces milliers de créatures animales et végétales. » Et il ajoute, parlant de l'homme, qu'« il paraît bien moins le roi intelligent que le tyran maladroit de la Création terrestre. Celui qui aime la nature [...], c'est-à-dire Dieu dans Ses œuvres, se sent presque devenir misanthrope en voyant ses semblables tant maltraiter ce qu'ils devraient respecter. »

Propos aussi pertinents que prophétiques, écrits en décembre 1872, soit six ans après que le zoologiste allemand Ernst Haeckel eut proposé pour la première fois le terme d'*écologie* pour définir les rapports des êtres vivants avec leur milieu. Les réflexions du père David font écho à ce qu'écrivait dès 1820 Jean-Baptiste Lamarck :

« L'homme, par son égoïsme trop peu clairvoyant pour ses propres intérêts, par son penchant à jouir de tout ce qui est à sa disposition, en un mot par son insouciance pour l'avenir et pour ses semblables, semble travailler à l'anéantissement de ses moyens de conservation et à la destruction même de sa propre espèce, en détruisant partout les grands végétaux qui protégeaient le sol pour des objets qui satisfont son avidité du moment. Il emmène rapidement à la stérilité ce sol qu'il habite, donne lieu au tarissement des sources, en écarte les animaux qui y trouvaient leur subsistance, et fait que de grandes parties du globe autrefois très fertiles et très peuplées à tous égards sont maintenant devenues stériles, inhabitables et désertes. Négligeant toujours les conseils de l'expérience pour s'abandonner à ses passions, il est perpétuellement en guerre avec ses semblables et les détruit de toute part et sous tout prétexte. En sorte qu'on voit des populations autrefois considérables s'appauvrir de plus en plus. On dirait que l'homme est destiné à s'exterminer lui-même après avoir rendu le globe inhabitable. »

On croirait ce texte écrit d'hier !

Que le désert progresse en zone aride, et ceci d'autant plus que le surpâturage y contribue, rien de plus compréhensible. Plus étranges sont ces déserts qui s'étendent aujourd'hui dans des zones jadis très humides, comme c'est le cas pour une bonne partie du Pakistan et du nord-ouest de l'Inde, régions soumises au régime des moussons et qui abritèrent quelques-unes des plus anciennes civilisations humaines : celles de l'Indus. Plus récemment, le nord-ouest de l'Inde a été le siège des puissants États Radjput.

Les palynologues sont parvenus à reconstituer l'histoire ancienne des climats de ces régions. Ils identifient les grains de pollen accumulés dans les couches géologiques, qui permettent de déterminer du même coup les plantes du passé. Chaque grain a en effet une forme particulière, spécifique d'une espèce donnée ; à son tour, chacun des végétaux est révélateur des conditions climatiques qui prévalaient et permet de suivre leurs variations au fil des siècles. Or des dépôts mis au jour sur le fond d'anciens lacs montrent que ces régions étaient jadis couvertes d'une dense végétation typique de celle des pays humides puis apparaissent peu à peu des végétaux adaptés au sel : les lacs sont devenus salés. Le surpâturage a désertifié les sols, exposés dès lors à une forte insolation ; les sels ont alors été aspirés en surface et se sont accumulés sur le sol puis ont été entraînés vers les lacs. Mais les lacs eux-mêmes s'asséchèrent à leur tour et disparurent au premier millénaire avant J.-C. Or, paradoxalement, l'atmosphère de ces régions soumises au régime des moussons est restée humide : il s'agit donc là de « faux déserts » où s'il ne pleut pas, c'est parce que l'humidité atmosphérique ne se condense plus, l'air étant anormalement chargé en poussières arrachées à une terre surpâturée, érodée par le vent. Cette masse poussiéreuse modifie l'équilibre thermique de l'atmosphère : durant le jour, elle empêche les radiations solaires de parvenir jusqu'au sol ; pendant la nuit, le refroidissement des basses couches d'air par radiation à partir de la surface du sol se trouve fortement diminué, l'amplitude des variations thermiques quotidiennes est de ce fait limitée, ce qui réduit la condensation de l'humidité, donc les pluies. L'air est humide, mais il ne pleut pas.

Ici comme ailleurs, l'homme a trop demandé aux terres soumises à un intense pâturage et à une vive érosion éolienne. Un cercle vicieux s'est enclenché : il a moins plu et, du coup, la productivité végétale a diminué. Afin de conserver leur revenu agricole et pastoral, les habitants de ces régions ont accentué leur pression sur le milieu, aggravant les effets du surpâturage et de l'érosion. L'atmosphère s'est chargée de davantage de poussières, les pluies ont encore diminué, et ce cycle infernal, plus rien ni personne n'a plus pu l'arrêter. D'où ces déserts, au Pakistan et en Inde, pourtant soumis au régime des moussons.

L'effet désastreux du surpâturage dans ces régions a été démontré. De vastes surfaces ont été mises à l'abri de la dent des herbivores ; aussitôt, les herbes s'y sont développées par semis naturel, et le climat local s'est modifié dans un sens plus favorable, car la végétation transpire et entretient le cycle de l'eau. S'il est exact qu'il n'y a pas de plantes dans le désert pour la raison qu'il n'y pleut pas, il est non moins vrai qu'il n'y pleut pas parce qu'il y manque des plantes qui transpirent et entretiennent ainsi le cycle de l'eau.

La végétation attire l'humidité, car, selon le mot d'Édouard Herriot, « la forêt est la mère des pluies et des rosées ». De fait, les zones expérimentales préservées se couvraient chaque matin d'une abondante rosée, tandis que les zones limitrophes, encore soumises au surpâturage, paraissaient plus sèches. Le cycle infernal de la désertification a ainsi été localement brisé. Certes, il ne pleuvait pas encore : les zones épargnées par le surpâturage étaient trop exiguës pour déclencher un phénomène d'une tout autre ampleur. Mais l'on entrevoit ce qu'il conviendrait de faire pour régénérer des régions entières en respectant les possibilités et les ressources offertes par la nature. La destruction des écosystèmes ne se limite pas, en effet, aux zones que les facteurs cosmiques contribuent à aridifier, comme c'est le cas au Sahara par exemple. Des régions au climat très humide sont elles-mêmes directement menacées. On le voit de manière tragique en Haïti et sur l'île de Nauru, par exemple, où ces phénomènes se déroulent sous nos yeux.

CHAPITRE 12

RETOUR SUR UNE CATASTROPHE NATURELLE

Par deux fois en l'espace de cinq ans, les lendemains de Noël se sont révélés cataclysmiques : en 1999, à l'orée du passage à l'an 2000, deux tempêtes dévastèrent l'Europe occidentale, faisant environ cent cinquante morts ; bilan dérisoire, certes, comparé à celui, terrifiant, du tsunami du 26 décembre 2004 qui fit près de trois cent mille victimes. Après la tempête du siècle en Europe, le raz de marée du siècle en Asie du Sud-Est.

À première vue, il s'agit là de catastrophes naturelles : une tempête, un raz de marée sont des colères de la Terre où n'intervient aucune responsabilité humaine. Dans les deux cas, les écosystèmes ont payé un lourd tribut : des forêts ravagées, plus de 250 millions d'arbres abattus en France en 1999 ; des milliers de kilomètres de côtes et d'écosystèmes littoraux détruits par le tsunami de 2004. Ces deux catastrophes ont donné la mesure de la puissance des éléments lorsqu'ils se déchaînent : l'énergie libérée par un séisme de magnitude 9 sur l'échelle de Richter comme celui de Sumatra équivaut à une dépense énergétique de 30 % supérieure à la consommation annuelle des États-Unis, soit l'équivalent de 32 000 mégatonnes de TNT, ou celui de 23 000 bombes atomiques de type Hiroshima. Les énergies mises en œuvre par de tels événements sont sans commune mesure avec les repères offerts par les humbles performances de nos meilleures technologies. Un tel constat nous invite à une certaine modestie quand nous prétendons, grâce à elles, dominer la nature.

De ce point de vue, la catastrophe du Sud-Est asiatique a été comme un scandaleux défi aux performances sans cesse ressassées de nos technologies de la communication : alors que le commun des mortels ne sait plus se passer d'un téléphone portable, le tsunami a mis plus de deux heures pour atteindre les côtes de l'Inde, plus de huit heures celles de l'Afrique, délais qui auraient dû largement permettre d'avertir les populations de l'imminence de la menace. Il eût suffi pour cela qu'une chaîne de télévision comme CNN, très regardée en Asie du Sud-Est, communique un bulletin d'alerte au tsunami en lieu et en heure afin d'inciter les habitants à se réfugier immédiatement sur les hauteurs. Des milliers de vies auraient ainsi pu être sauvées. Quand on songe que la Somalie a dénombré près de quatre cents victimes, alors que la vague dévastatrice ne l'a atteinte que huit heures après le déclenchement du séisme, on mesure à quel point nous sommes incapables de faire un bon usage de nos technologies face à un événement qui aurait dû mobiliser d'emblée des systèmes d'alerte adaptés. Considérons cependant qu'à toute chose malheur est bon dès lors que ce séisme générera la mise en œuvre dans l'océan Indien et en Méditerranée d'un système d'alerte tel que celui qui existe déjà dans le Pacifique.

Comme la tempête de 1999, le tsunami a dévasté les écosystèmes naturels comme les mangroves, ainsi que des écosystèmes très marqués par l'action humaine comme les zones d'élevage ou de culture. L'étendue des dégâts, qui concernent une bonne douzaine de pays, explique l'ample mouvement de solidarité internationale qu'a généré une campagne médiatique sans précédent. Si les médias n'ont pas su être présents à temps pour prévenir, leur mobilisation massive a eu en revanche pour objet de guérir les plaies ouvertes au flanc des pays sinistrés : un but atteint au-delà de toute espérance, tant a été puissant l'élan de générosité et de solidarité des habitants du monde entier, fait nouveau, on ne peut plus encourageant, dans les annales de l'humanité.

Les pertes humaines ont été fortement accrues à proximité immédiate du littoral, où nombre de pêcheurs résident dans des constructions de fortune directement exposées au moindre caprice des éléments. Or ces côtes étaient jadis recouvertes pour la plupart par des mangroves, ces forêts de palétuviers vivant les pieds dans l'eau, formant une sorte de continuum entre monde marin et monde terrestre. Beaucoup de ces mangroves ont aujourd'hui disparu, y compris du fait de guerres, par exemple lorsque les États-Unis, au cours de la guerre du Vietnam, y déversèrent des tonnes de défoliants afin de priver leurs adversaires des moyens de se camoufler. Mais l'industrialisation des côtes, en particulier en Inde où les industries chimiques ont proliféré, tout comme les élevages de crevettes vigoureusement dénoncés par Mme Vandana Shiva, « papesse » de l'écologie en Inde, et la prolifération des hôtels « les pieds dans l'eau » ont tout autant contribué au recul des mangroves, dont le manteau protecteur mettait à l'abri de la colère des éléments les populations vivant en amont. C'est sans doute la raison pour laquelle, *a contrario*, les victimes furent moins nombreuses qu'on ne le craignait de prime abord dans les îles Nicobar et Andaman, pourtant plus proches de l'épicentre du séisme.

Un raisonnement analogue peut être tenu concernant les récifs coralliens, aujourd'hui menacés, parfois par des exploitations abusives, mais surtout par le réchauffement climatique qui, en élevant la température de la mer, tue les coraux, extrêmement sensibles à de minimes différences de température. Or les coraux forment aussi une barrière – voire une « grande barrière », comme en Australie – contre les flux dévastateurs. Leur disparition rend les rivages et les littoraux plus vulnérables à leurs effets. On retrouve de nouveau ici l'action de l'homme qui, en dégageant de plus en plus de gaz à effet de serre, entraîne ce fameux réchauffement qui non seulement tue les coraux, mais s'accompagne aussi de catastrophes météorologiques plus nombreuses et plus graves : tornades, cyclones, inondations, coulées de boue, etc. Sans oublier naturellement la montée du niveau des mers.

Aucun écosystème n'est totalement à l'abri des colères de la nature. Au fil des temps géologiques, de nombreux événements de grande ampleur ont entraîné des destructions massives d'écosystèmes et des espèces qui leur étaient inféodées. On compte ainsi cinq grandes phases d'extinction massive d'espèces animales et végétales depuis les origines de la vie, dues à des accidents naturels comme le volcanisme ou la chute de météorites, par exemple. Il y a donc lieu de considérer que les écosystèmes sont fragiles, soumis aux caprices et aux colères des éléments naturels.

Aujourd'hui, la donne a changé avec l'apparition de l'homme qui, à son tour, modifie directement ou indirectement les écosystèmes, par exemple en détruisant, comme on l'a vu plus haut, mangroves ou récifs coralliens. Mais, en les modifiant ou en les détruisant, il prend du coup le risque de se détruire lui-même.

Les dégâts causés par ces catastrophes sont d'autant plus graves qu'ils frappent en général des populations pauvres aux habitats fragilisés par la médiocrité des constructions, l'absence d'immeubles antisismiques, l'installation dans des zones à risques, à forte sismicité ou inondables... On n'a aucun mal à constater que des catastrophes s'abattant sur des pays riches comme les États-Unis ou le Japon engendrent des bilans nettement moins tragiques que celles, d'ampleur égale, frappant des pays pauvres. Faut-il rappeler qu'un tremblement de terre fit en 1976, en Chine, deux cent soixante-deux mille morts avoués, mais sans doute le double, si l'on en croit les observateurs internationaux qui contestèrent les chiffres fournis par le gouvernement chinois ? De même, au Bangladesh, en 1970, des inondations firent deux cent cinquante à trois cent mille morts. À quoi il faudrait encore ajouter les bilans dramatiques des sécheresses en Éthiopie, au Soudan, au Sahel, qui firent près de huit cent mille morts entre 1974 et 1984. Les pays pauvres paient un plus lourd tribut aux catastrophes naturelles, alors que les pays riches parviennent à mieux se prémunir contre leurs effets dévastateurs. Le fameux « Malheur aux pauvres ! » de Malthus prend ici toute sa signification.

CHAPITRE 13

HAÏTI 2004 : L'ANNÉE DE TOUS LES DANGERS

Lors d'une conférence réunie en janvier 2004 à Kobé, au Japon, le directeur du secrétariat de l'ONU pour une Stratégie internationale sur la prévention des catastrophes, Salvano Briceno, soulignait que les mauvaises conditions environnementales avaient « crû dans des proportions telles que toute catastrophe naturelle déboucherait sur un désastre majeur ». Selon ce haut fonctionnaire, le déboisement et une urbanisation accélérée étaient les deux périls les plus importants. Le tsunami qui a ravagé en décembre 2004 l'Asie du Sud-Est lui a malheureusement donné raison.

En prononçant ces mots, le haut fonctionnaire

des Nations unies avait peut-être en mémoire la catastrophe qui, lors du passage du cyclone George, en 1998, et de la tempête tropicale Gordon, en 1994, avait dévasté la petite ville de Fonds-Vérettes, en Haïti, faisant à chacun de ses passages plusieurs dizaines de noyés. Fonds-Vérettes, il est vrai, est bâtie sur le lit d'une rivière. Mais Salvano Briceno ne se doutait pas que, très peu de temps après son intervention, Haïti ferait l'objet d'une nouvelle catastrophe : en mai 2004, des pluies torrentielles provoquèrent la mort de mille six cents personnes, dont quatre cent cinquante précisément dans la localité de Fonds-Vérettes, à deux heures de route au nord-est de Port-au-Prince. Selon des témoins, la localité aurait été presque entièrement rasée par des flots dévastateurs.

Mais le pire était encore à venir. À l'automne 2004, en moins de deux mois, quatre cyclones balayèrent les Caraïbes. Conformément à la nomenclature internationale, tous ont reçu des prénoms : Charley, Frances, Yvan, Jeanne. Avec le réchauffement climatique, ces ouragans sont aujourd'hui plus fréquents et plus intenses qu'autrefois : depuis 1995, ils sont passés de dix à onze en moyenne par an à douze à quatorze dans cette région du monde. Les habitants de la Floride furent touchés de plein fouet par les cyclones Frances et surtout Yvan, ce dernier comportant des vents qui montèrent jusqu'à 302 km/h, poussant des vagues de plus de 10 mètres de hauteur. Mais la Floride, avant le déchaînement de la catastrophe, avait procédé à des évacuations massives, ce qui limita les dégâts humains à quelques victimes seulement. En Haïti, touché par le cyclone Jeanne, ces dégâts humains ont en revanche été considérables. Alors qu'aux États-Unis, grâce à la vigilance de la protection civile et à l'énormité des moyens mis en œuvre, les victimes ne se comptèrent que par dizaines, en Haïti, on dénombra plus de deux mille cinq cents morts, dont six cents dans la seule ville des Gonaïves.

Ainsi, en 2004 et à trois mois d'intervalle, Haïti fut par deux fois durement touché. Or cette deuxième république du continent américain – proclamée en 1804 peu après la déclaration d'indépendance des États-Unis – fut, l'année de son 200e anniversaire, endeuillé par une série de cataclysmes et des pertes humaines très élevées. Les bilans comparés des cyclones aux États-Unis et en Haïti démontrent de façon spectaculaire que les pays pauvres paient un tribut beaucoup plus lourd que les riches aux catastrophes naturelles devant lesquelles, faute de moyens, leurs populations sont totalement désarmées.

Haïti est aujourd'hui le pays le plus misérable du continent américain. Plus de huit millions d'habitants se pressent sur une superficie qui ne dépasse guère celle de cinq départements français ; cette population atteint une densité de 278 personnes au km^2 et son augmentation annuelle est de 2,3 %. Pareille pression démographique a entraîné l'épuisement des ressources naturelles, notamment une complète déforestation ; il ne reste plus aujourd'hui sur cette île que 1,5 % des denses forêts tropicales qui la recouvraient jadis. La récolte du bois de chauffe transformé en charbon de bois ainsi que le défrichement pour récupérer des terres cultivables sont responsables de cette tragédie écologique. Partout, désormais, les sols dénudés sont exposés à la violence des pluies tropicales qui les entraînent puisqu'ils ne sont pas retenus par le dense lacis des racines d'arbres et de la végétation des sous-bois. Les pluies diluviennes provoquent des torrents d'eaux limoneuses qui dévalent à une vitesse inouïe les pentes de ce pays montagneux pour se précipiter dans les rivières. Celles-ci gonflent si rapidement qu'elles ne laissent alors aucune chance à leurs riverains d'échapper à leurs flots.

En Haïti, le charbon de bois est la première source d'énergie ; quinze à vingt millions d'arbres seraient coupés à cette fin chaque année, sans aucune stratégie de replantation, de sorte que le luxuriant paradis de jadis s'est transformé en une terre dévastée et aride. Le chaos politique qui règne dans l'île depuis des années ne fait qu'aggraver encore la situation du pays. Le kérosène qui servait jusqu'alors à l'éclairage domestique figurait en effet, au même titre que le pétrole, parmi les produits touchés par l'embargo international décidé en 1991 après un coup d'État militaire. La coupe du bois en a repris de plus belle. Pour toutes ces raisons, Haïti est aujourd'hui le pays le plus aridifié de l'hémisphère Nord, perdant chaque année, selon des sources onusiennes, trente-six millions de tonnes de terre arable. La roche sous-jacente est mise à nu, rendant ces sols inutilisables pour l'agriculture : dix mille hectares de terres cultivables disparaissent chaque année.

Ainsi, le premier pays des Caraïbes à s'être révolté contre l'esclavage et à l'avoir aboli se révèle incapable de faire face à la pauvreté grandissante de sa population. Car Haïti, partie orientale de l'île d'Hispaniola, découverte en 1492 par Christophe Colomb, aujourd'hui partagée entre deux États indépendants – l'autre étant Saint-Domingue –, est le pays de tous les records négatifs : 70 % de la population vit sans eau potable, 85 % des habitants sont analphabètes, l'espérance de vie est tombée à quarante-neuf ans pour les hommes et cinquante-six ans pour les femmes, le taux de mortalité infantile atteint le chiffre exorbitant de 70 ‰ ; près d'un million de d'Haïtiens ont immigré. Mais Haïti tire profit de sa situation aux marges du continent américain : toutes proportions gardées, il est le premier bénéficiaire au monde de l'aide internationale...

La vie politique haïtienne est à l'image de la crise écologique, laquelle trouve ici son équivalent dans une crise politique endémique depuis l'assassinat du tout premier chef de l'État haïtien, Dessalines. Sur les trente-six dirigeants qui ont suivi, dix-neuf ont été destitués et renversés par un putsch, et quatre autres ont été assassinés. Le dernier en date, le prêtre défroqué Aristide, dit « Titid' », a longtemps été considéré par le peuple haïtien comme un sauveur ; or il n'a fait qu'aggraver la situation politique de l'île et a été contraint de se retirer au début de 2004.

Bref, en Haïti, tout se conjugue pour le pire, les hommes et les éléments. Ce pays devrait sans doute prendre modèle sur la république voisine de Saint-Domingue qui a déclaré illégal l'usage du bois pour la cuisson des aliments, tout en subventionnant la distribution du gaz. Certes, des efforts sont déployés pour améliorer notamment les foyers et lutter contre les déperditions caloriques, en particulier dans les boulangeries, les blanchisseries, les usines traitant la canne à sucre. Passer au gaz ou au kérosène constituerait de ce point de vue un grand progrès, vu l'urgence des problèmes, quitte à renforcer légèrement l'« effet de serre » responsable du réchauffement climatique global.

Les choses, on le voit, ne sont pas simples, et des choix douloureux s'imposent. La solution, pour Haïti, serait naturellement de promulguer un plan audacieux de reboisement, car elles ont disparu, les belles forêts de pins des Caraïbes qui couvraient les montagnes de l'île au-dessus de 1 800 mètres, de même que les forêts de cèdres, d'acajous, de tecks et de chênes présentes à plus basse altitude. De tout cela il ne reste aujourd'hui à peu près rien. Tout serait à réhabiliter, à reconquérir, à reboiser. Énorme défi, en vérité, pour le développement durable, que ne facilite guère l'instabilité politique chronique de cet infortuné pays, le plus déboisé de tout l'hémisphère Nord.

Faut-il baisser les bras, comme le pense Paul Paryski, du Programme de développement des Nations unies, lequel estime que, dans certaines régions comme celle-là, un point de non-retour a été atteint ? Certes non, mais tout reste à faire. La première mesure à s'imposer consisterait à prendre modèle sur les décisions prises par les Philippines, victimes de deux violentes tempêtes qui ont fait plus de mille cent morts en décembre 2004. Le gouvernement de l'archipel a immédiatement mis en cause des décennies de déforestations illégales. La présidente Gloria Arroyo a ordonné la suspension immédiate des permis de couper des arbres dans tout le pays. Une décision mise en œuvre sans faiblesse ; un exemple à suivre !

CHAPITRE 14

NAURU : L'ÎLE MAUDITE DU BOUT DU MONDE

Son ambassadeur aux Nations unies dispose à l'Assemblée générale d'une voix, comme ses 191 collègues de tous les pays du monde. Cette voix pèse autant que celle de la Chine ou de l'Inde qui comptent chacune cent mille fois plus d'habitants. Car l'île de Nauru, perdue dans l'immense Pacifique, suspendue comme un lampion au fil de l'équateur, est la plus petite république indépendante de la planète, avec une superficie de 21,2 kilomètres carrés et 12 570 habitants en 2003. Elle a accédé à l'indépendance en 1968 et a frappé avec succès à la porte des Nations unies en 1999.

Découverte par le capitaine britannique John

Fearn en 1798, elle fut d'abord laissée à elle-même jusqu'en 1888, date à laquelle les Allemands intervinrent pour mettre un terme à une guerre civile qui décimait les douze tribus indigènes. Quelques années plus tard, en 1900, un géologue de Sydney, Albert Ellis, découvre que l'île est exceptionnellement riche en guano, excréments accumulés par les oiseaux, d'une grande teneur en phosphates. L'exploitation minière débute dès 1907. À la fin de la Première Guerre mondiale, l'Australie, la Nouvelle-Zélande et la Grande-Bretagne se voient confier la tutelle conjointe de Nauru par la Société des nations. Aussitôt l'exploitation des phosphates s'intensifie. Après un court épisode d'occupation par les Japonais durant la Seconde Guerre mondiale, le mandat de tutelle est attribué au Commonwealth, mais la réalité du pouvoir est en fait entre les mains de la British Phosphate Corporation, jusqu'à la vente de ses droits à la compagnie nationale Nauru Phosphate Corporation lorsque l'île accède à l'indépendance. Le nouveau gouvernement accélère l'exploitation des phosphates, dont la production s'élève alors à deux millions de tonnes par an. C'est la fortune ! Mais l'euphorie ne dure que ce que durent les phosphates, et trois décennies plus tard, la plus grande partie de ces ressources a été exportée.

Déjà, en 1989, le gouvernement de Nauru a déposé une plainte devant la Cour internationale de justice de La Haye, alléguant que les phosphates exportés avant l'indépendance au profit des trois nations qui assumaient le mandat de tutelle avaient été vendus à des prix très inférieurs à ceux du marché international, procurant de fait d'énormes subventions à l'agriculture de ces pays durant plusieurs décennies. Après quatre ans de débats, un accord à l'amiable a été conclu : Nauru a obtenu 35 millions de dollars de l'Australie, tandis que 30 millions supplémentaires lui seraient versés sur une période de vingt ans.

Mais l'exploitation des mines de phosphates en surface a totalement désertifié l'île. Toute la nourriture est importée : la consommation de fruits et de légumes est réduite, et il ne reste plus assez de terre disponible pour planter un taro[1] ou un bananier ; car Nauru a été grattée jusqu'à l'os et, en perdant son sol fertile, elle a

1. Plante de la famille des aracées, cultivée pour ses tubercules comestibles.

aussi perdu sa mémoire. À Nauru, contrairement au reste du Pacifique, ne subsiste plus aucune trace des anciennes traditions, remplacées par une incroyable boulimie de consommation, apanage des pays riches : voitures, chaînes stéréo, réfrigérateurs s'entassent, une fois hors d'usage, dans les arrière-cours, et le Nauruan passe le plus clair de son temps devant son petit écran, affalé dans un fauteuil, laissant à la main-d'œuvre venue des îles voisines, de Chine ou des Philippines, le soin de travailler à l'exploitation des phosphates. Le microcosme nauruan jouit et ne travaille pas.

De sa période faste Nauru a conservé un aéroport international dont la piste, en raison de la petitesse de l'île, coupe l'unique route qui l'encercle. Elle a aussi investi en Australie, prenant le contrôle d'immeubles, d'hôtels et de centres commerciaux à Sydney et à Melbourne, les revenus de ces placements devant permettre aux Nauruans de continuer à vivre sur un grand pied après l'extraction de la dernière tonne de phosphates. Mais les choses n'ont pas tourné ainsi. Dans l'euphorie des années fastes, les responsables de Nauru ont vu trop grand. Ils ont investi sans précaution, à tout va, et se sont lourdement endettés ; les voici aujourd'hui au bord de la faillite. Les relations avec l'Australie se sont dégradées et s'inspirent d'une sorte de néocolonialisme : Canberra a créé dans l'île deux camps où sont détenus des demandeurs d'asile en majorité afghans, considérés comme indésirables par le gouvernement australien.

Nauru est aujourd'hui une île sinistrée. L'exploitation des phosphates suppose en effet, dans un premier temps, une déforestation suivie par l'arrivée d'excavatrices qui creusent le sol. La matière première est constituée par des excréments d'oiseaux contenant un fort pourcentage de phosphates de calcium provenant des poissons mangés par ces volatiles. Ces phosphates se sont déposés sur des couches de calcaire corallien sous-jacentes que les excavatrices évitent de prélever et que les bulldozers écartent du chantier. Une pelle hydraulique extrait ensuite le minerai qui reste entre les têtes de coraux laissés en place. Un peu de phosphate subsiste certes dans les interstices, mais le récupérer manuellement, à la pelle, ne serait pas rentable. La matière première est ensuite transportée à l'usine de concentration, où elle est nettoyée et traitée pour augmenter la teneur en phosphates par l'élimination de la gangue. Les phosphates ainsi purifiés sont transportés par tapis roulants vers de grands hangars, puis vers les installations de chargement des bateaux.

L'île ainsi soigneusement « décortiquée », il ne reste plus, après exploitation, que le dur corail nu qui, peu à peu, se couvre de lichens, mais sur lequel ne pousse aucune plante. Un paysage lunaire, blanc ou grisâtre, qui ne pourrait être récupéré qu'après arasement des pointes de récifs coralliens et apport de terre arable. Mais d'où faire venir cette terre ? L'île est isolée en plein Pacifique, à mi-chemin entre l'Australie et Hawaii. Un tel transport serait parfaitement inenvisageable !

La destruction complète de la couverture végétale a éliminé toute la capacité de l'île à accumuler l'eau de pluie : celle-ci s'écoule directement vers l'océan, de sorte que l'eau nécessaire à l'usine de phosphates provient d'une autre usine où l'on dessale l'eau de mer. Mais le coût du fonctionnement de cette usine de dessalage sera prohibitif sitôt que l'exploitation des phosphates aura pris fin, c'est-à-dire dans les toutes prochaines années. Il faudra alors avoir recours à de l'eau potable importée.

Bref, Nauru subit le sort de ces villes minières où toute activité cesse avec l'épuisement des ressources extraites. Mais, ici, il ne s'agit pas d'une ville ; on a affaire à un État aujourd'hui sinistré, au bord de la faillite : 90 % de la surface ont été exploités et il ne subsiste du Nauru de naguère qu'une toute petite région autour de la lagune de Buada, plantée de cocotiers. L'île aujourd'hui n'est plus en mesure de subvenir aux besoins des habitants ; pas question non plus, vu les habitudes de vie acquises, d'imaginer que ceux-ci retroussent leurs manches pour se lancer dans une agriculture de subsistance sur les très rares espaces encore cultivables. Bref, pour les Nauruans, ne reste qu'une solution : partir ! Mais partir où ? Sur une autre île, en Australie ? Qui acceptera de leur faire de la place dès lors qu'ils ont perdu tout goût au travail et ont pris l'habitude de vivre comme des pachas ?

Certes, une telle situation a connu un précédent avec l'îlot de Banabanas, complètement ravagé lui aussi par l'exploitation de ses phosphates, dont les habitants s'expatrièrent dans l'archipel des Samoas. Mais qui voudra des Nauruans, ces hommes prématurément frappés de diabète, d'hypertension et d'artériosclérose, victimes d'une alimentation trop riche, à l'américaine, noyés sous les *ice-creams* et le *Coca-Cola*, souffrant d'un excès de sédentarité, vivant sur des terres excavées, éventrées et stériles ?

Quel meilleur symbole des conséquences inéluctables d'une brutale rupture de l'alliance de l'homme et de la nature ? Après une phase d'enrichissement intense, l'épuisement des ressources et la destruction des écosystèmes entraînent un dépérissement inéluctable. L'île de Nauru pourrait bien, à cet égard, constituer un tragique modèle de ce qui pourrait advenir demain à la planète entière si l'on devait persister à gaspiller ses ressources sans tenir compte des besoins des générations futures ! Car si Nauru est une île perdue dans le Pacifique, notre Terre est un vaisseau spatial lancé dans l'espace, sans autres ressources que celles qu'elle porte en elle et sur elle, et que nous grignotons allègrement. Si l'or du Pérou, par aggravation de la Mesta, a contribué à désertifier l'Espagne, l'or des phosphates a fini par ruiner cette petite île de Nauru.

Comme en Haïti, l'appauvrissement et l'épuisement des écosystèmes ont brisé l'alliance séculaire des hommes et de la nature, dont on voit, par ces deux exemples, à quel point le sort est étroitement lié. Dans ces deux cas de figure, une instabilité politique majeure s'est en outre instaurée, aggravant la crise économique et écologique par une crise politique endémique. Le désordre infligé à la nature semble étrangement se communiquer aux hommes qui l'habitent.

On retrouve ici l'un des thèmes centraux des grands mythes de la Bible qui lient étroitement le sort de l'homme à celui de la nature. Pour l'homme des Écritures, le bonheur est dans le pré – en l'occurrence dans une vigne, sous un olivier ou un figuier. Bref, dans un jardin. Chassé par sa faute – au propre comme au figuré – du Jardin d'Éden, Adam découvre une terre qui ne produit plus que des chardons. À l'inverse, sauvé du Déluge, Noé est accompagné d'un couple de chaque espèce animale peuplant la terre. En d'autres termes, l'homme n'a d'avenir que dans une relation apaisée avec la nature qu'il lui appartient de jardiner avec amour. Lorsque le jardinier devient exploitant – ou plus exactement, comme ici, exploiteur –, il scie la branche sur laquelle il est assis, de sorte que la Terre ne peut plus ni le porter ni le supporter. À Nauru comme en Haïti, la phrase de Chateaubriand, déjà citée, reste d'une étonnante actualité : « Les forêts précèdent les hommes, les déserts les suivent. »

CHAPITRE 15

L'ARAL, UNE MER EN PERDITION

En 1960, avec ses 66 000 kilomètres carrés, la mer d'Aral occupait en Asie centrale une superficie égale à plus de deux fois celle de la Belgique. Elle était alors classée quatrième lac du monde, après la Caspienne, en Asie, le lac Supérieur, en Amérique, et le lac Victoria, en Afrique. Quarante-cinq ans plus tard, elle ne couvre plus que 26 000 kilomètres carrés, soit nettement moins que la Belgique. Ce retrait a donc laissé à ciel ouvert près de 40 000 kilomètres carrés de fonds marins, avec une chute du niveau de l'eau de plus de 22 mètres. Des villes autrefois littorales, comme Aralsk, se trouvent aujourd'hui à près de 80 kilomètres de l'eau. Les bateaux échoués sont amarrés à présent à l'intérieur des terres, donnant un aspect fantomatique à ces ports de pêche jadis florissants dont toute activité a désormais cessé.

Mais, en se retirant, la mer a laissé sur son ancien lit d'importants dépôts de sel, mélangés à des pesticides drainés vers elle par les eaux fluviales qui l'alimentent. Dans ces vastes steppes aralo-caspiennes, les vents souvent violents arrachent ce sel et ces molécules toxiques et les transportent à des distances qui peuvent dépasser 200 kilomètres. Les malheureux habitants vivant sur les littoraux dont la mer s'est aujourd'hui retirée inhalent ces poussières toxiques et leur état de santé est particulièrement dramatique : neuf sur dix présentent des anémies, la mortalité infantile atteint des chiffres records, cent mille personnes seraient atteintes de tuberculose, et le nombre des cancers de l'œsophage et de l'estomac est jusqu'à vingt fois supérieur à celui constaté dans les autres républiques de l'ex-URSS. L'air et l'eau sont contaminés, les maladies respiratoires se multiplient ; les eaux de boisson sont salées, riches en pesticides, souvent bactériologiquement polluées.

Quant à la mer elle-même, au fur et à mesure

qu'elle a baissé, son niveau de salure est allé en augmentant. Peu salée au départ, elle dépasse actuellement par endroit les 50 grammes par litre, chiffres très supérieurs à la salure moyenne des océans. Dans ces conditions, la survie des poissons est aléatoire, et vingt-quatre espèces ont déjà disparu.

Pour parfaire cette description apocalyptique, signalons que les Soviétiques, qui contrôlaient à l'époque le Kazakhstan, avaient installé sur une île de la mer d'Aral un laboratoire couvert par le secret militaire, où ils élaboraient des armes bactériologiques en y cultivant notamment le bacille de l'anthrax et de la peste. En raison de la baisse du niveau des eaux, cette île est aujourd'hui en passe d'être reliée au continent ; mais les habitants voisins se gardent d'y mettre les pieds, redoutant les armes secrètes qui y furent confectionnées. Le gouvernement kazakh a passé contrat avec les Américains pour la décontamination de l'île, bien qu'aucun accident n'ait jusqu'à présent été signalé.

Mais en sera-t-il de même plus tard lorsque les habitants pourront passer sur l'île de Vozrozhdeniye, devenue une péninsule ? Jusqu'ici, l'extrémité sud de cette péninsule était humide et marécageuse et ne permettait pas aux véhicules de passer. L'assèchement de la grande Aral se poursuivant, le passage sera bientôt possible. Aujourd'hui les risques engendrés par ces installations militaires vouées à la recherche d'armes biologiques ne sont plus sous-estimés. En effet, les rongeurs sur lesquels ont été effectués des essais sont des porteurs sains de la peste. Sans en mourir, ils peuvent la répandre par l'intermédiaire des puces, selon le scénario bien connu de l'ouvrage d'Albert Camus *La Peste*. Que de tels porteurs sains puissent traverser la bande de terre reliant le continent à l'île de Vozroshdeniye, les risques deviendraient alors menaçants. Pour l'instant, ce problème reste en suspens et fait l'objet de recherches approfondies pour tenter de trouver une solution en séquestrant les rongeurs suspects, cela pour éviter qu'un désastre écologique s'ajoute à un désastre sanitaire.

Comment expliquer ce que beaucoup considèrent aujourd'hui comme le plus grave désastre écologique de la planète ? Il est la conséquence de la très audacieuse politique de « mise en valeur des terres vierges » imposée par Nikita Khrouchtchev, premier secrétaire du PCUS, au tournant des années 60. À partir du

XIXe siècle, lorsque la Russie prit le contrôle des actuelles républiques d'Asie centrale (aujourd'hui indépendantes), le gouvernement russe puis son homologue soviétique encouragèrent la culture du coton dans ces régions. Pour cela, les eaux des deux grands fleuves qui alimentent la mer d'Aral furent largement utilisées pour l'irrigation des champs, mais aussi – ce qui n'est pas un mince paradoxe dans une région où la pluviométrie est fort basse – pour la riziculture. Dès lors, l'évaporation des eaux d'irrigation étant intense, la mer d'Aral ne récupérait plus que de minces filets émis par l'Amou-Daria au sud et le Syr-Daria au nord. La réduction des apports en eaux fluviales a donc été spectaculaire : 60 kilomètres cubes annuels dans les années 50, 38,5 en 1970, 10 en 1975, 1,3 en 1986 ! On comprend, dans ces conditions, que les côtes aient reculé en moyenne de plus de 80 kilomètres.

À mesure que la mer se retirait, la diminution des quantités d'eau évaporée contribua à assécher le climat, abaissant le niveau des précipitations – d'où, notamment, une réduction des nappes phréatiques dont certaines sont devenues saumâtres. Quant aux surfaces irriguées, un phénomène bien connu en zone aride n'a pas manqué de se produire : l'eau pénétrant dans le sol à partir des canaux d'irrigation se charge en sels par lessivage des roches sous-jacentes, puis elle est aspirée à la faveur des grandes chaleurs de l'été qui dépassent souvent 40 °C à l'ombre ; elle s'évapore alors en surface, laissant des dépôts de sels qui stérilisent les sols et limitent par là même l'expansion de la production cotonnière.

Celle-ci n'avait cessé de s'accroître avec les conceptions de Leonid Brejnev qui entendait pousser à l'extrême la spécialisation agricole des différentes régions de l'URSS : coton pour l'Asie centrale, blé pour l'Ukraine, etc. Face au recul continu de la mer, l'URSS a réagi à sa manière, par des projets pharaoniques : le premier visant à y déverser de l'eau provenant de la Caspienne dont le niveau ne cesse en revanche de monter. Mais il aurait fallu, pour ce faire, mettre en place un puissant système de pompage, dans la mesure où la Caspienne est située à une altitude nettement inférieure à celle de la mer d'Aral (son bassin s'étend d'ailleurs en dessous du niveau des océans). Ce projet a donc été rapidement abandonné et remplacé par un second, plus ambitieux encore : le creusement du canal « Sibéral », visant à amener vers la mer d'Aral les eaux de deux grands fleuves sibériens : l'Ob et l'Irtych. Les travaux débutèrent par le dynamitage des montagnes séparant la Sibérie des steppes aralo-caspiennes ; mais de nombreuses voix de savants s'élevèrent contre ce projet dont les conséquences écologiques sur la Sibérie étaient imprévisibles. Il fallut attendre la *perestroïka* conduite par Mikhaïl Gorbatchev pour que ce projet dément soit à son tour stoppé.

Depuis l'éclatement de l'ex-URSS, en 1991, et l'indépendance des cinq républiques d'Asie centrale, de nombreuses organisations internationales se sont penchées sur la situation tragique de la mer d'Aral ; situation d'autant plus difficile que les cinq républiques, jalouses de leur indépendance, ont toutes les peines du monde à se mettre d'accord sur une approche globale du problème, chacune voyant midi à sa porte. Les républiques les plus en amont, notamment le Tadjikistan et le Kirghizstan, considèrent d'un mauvais œil toute restriction aux captages destinés à l'irrigation visant à ménager les débits des deux grands fleuves au profit de la mer d'Aral et des deux États qui la bordent : l'Ouzbékistan et le Kazakhstan.

Aujourd'hui, un consensus semble peu à peu se dessiner en faveur de solutions *a minima* : d'une part, un effort particulier en matière de santé publique et d'assainissement de la qualité des eaux potables ; d'autre part, la récupération au moins partielle des surfaces exondées par le recul de la mer.

En reculant, celle-ci s'est divisée en deux parties : la « grande mer », au sud, représentant les neuf dixièmes des superficies restantes, et la « petite mer », au nord. Dans le but de renflouer au moins la « petite mer », le Kazakhstan a construit dans les années 90 une digue de 15 kilomètres de long destinée à y retenir les eaux du Syr-Daria. Du coup, son niveau s'éleva, mais la digue construite avec des moyens de fortune ne tint pas et les eaux de la « petite mer » s'échappèrent vers la grande. Bénéficiant d'une aide de la Banque mondiale représentant 70 % du coût des travaux, soit 85 millions de dollars, le Kazakhstan entreprit en 2003 la construction d'une nouvelle digue destinée à relever le niveau des eaux de la « petite mer » de 3 mètres, récupérant du même coup mille kilomètres carrés de fonds marins. Au-delà, l'ouverture d'une écluse permettra à l'eau de la

« petite mer » d'alimenter la grande. Cette digue, qui devrait être achevée fin 2005, porte tous les espoirs de la malheureuse ville d'Aralsk, qui espère ainsi redevenir un port sur la « petite mer ». D'autant que la salure de cette dernière, baissant avec les apports d'eau douce du Syr-Daria, laisse espérer le retour des esturgeons producteurs de caviar. Mais, pour l'heure, aucun projet digne de ce nom n'a été envisagé pour la « grande mer », qui, au rythme actuel de son assèchement, pourrait disparaître entièrement dans les vingt-cinq ans à venir, car ce n'est pas l'apport du Syr-Daria par « petite mer » interposée qui permettra de stopper son recul continu. Il faudrait, pour l'éviter, que l'Amou-Daria, qui ne lui apporte pratiquement plus d'eau au sud, l'alimente à nouveau.

En somme, pour obtenir un changement des conditions écologiques de cette région du monde, il conviendrait de modifier radicalement les modes d'exploitation agricole actuellement pratiqués pour la culture du coton, en mettant en œuvre, par exemple, l'irrigation au goutte à goutte, comme ont su le faire, entre autres, les agronomes israéliens. Du coup, les quantités d'eau prélevées dans les deux grands fleuves seraient moindres et ceux-ci pourraient à nouveau approvisionner de façon satisfaisante la mer d'Aral. Mais il s'agit là d'une démarche quelque peu utopique, car comment modifier drastiquement, sur des millions et des millions d'hectares, des pratiques agricoles fondées sur un productivisme intense, exigeant des apports massifs en engrais, en pesticides et naturellement en eau ? Faute d'aboutir à une telle révolution des usages, les espoirs se concentrent actuellement sur la réalimentation de la « petite mer », dont les teneurs en sel ont déjà diminué par suite de la construction de la première digue.

Dès les années 70, une ONG danoise avait remarqué qu'une limande de la mer d'Azov manifestait une forte résistance au sel. Ils l'introduisirent dans la mer d'Aral où elle est devenue abondante. Mais les riverains n'avaient jamais vu un poisson avec les deux yeux du même côté – entendez : un poisson plat. Il fallut donc les habituer à consommer ce poisson bon marché, les habitants d'Aralsk préférant les carpes pêchées dans le delta du Syr-Daria.

Quant à la « grande mer », elle est devenue la patrie d'une minuscule crevette du genre artémia, capable de supporter des niveaux de salure très importants. La productivité de cette crevette devrait s'accroître encore, au fur et à mesure de l'augmentation de la salure, provoquant la disparition de son dernier prédateur.

La mer d'Aral est un parfait cas d'école illustrant les méfaits d'une irrigation mal menée. De célèbres précédents historiques mettent en scène de pareils désastres, par exemple celui de l'Empire khmer qui tenta de tirer le meilleur parti de l'eau par des irrigations massives entre le IXe et le XIIIe siècle. Dans un contexte tout différent de celui de l'Aral – nous sommes ici en zone humide –, des efforts sans précédent furent mis en œuvre : « L'aménagement hydraulique imaginé par les Khmers avec une science consommée reposait sur l'utilisation de différences de niveaux infimes à travers les plaines alluvionnaires. Un rien en modifie l'équilibre, les effets se répercutent au loin dans les bassins. Le vaste réseau de réservoirs, de canaux et de rizières irriguées, où l'eau circulait par gravité, était d'une sensibilité extrême à l'envasement, prêt à bloquer les voies d'évacuation des eaux et à empêcher leur cheminement régulier. Or barrages, douves et canaux furent peu à peu encombrés de dépôts. L'eau se tarit aux extrémités de ce système artériel, tout comme dans celui d'un homme meurtri par ses excès. Les derniers barrages montrent que les Khmers tentèrent de lui redonner vie en augmentant les réserves et en injectant par transfusion de nouvelles quantités du liquide nourricier. Les résultats ne répondirent pas à l'attente de ceux qui, pourtant, étaient les fils des grands maîtres de l'hydraulique [...]. La civilisation khmère fut en définitive victime du gigantisme. La fin de cette civilisation en a été l'inéluctable conséquence. Des facteurs politiques et sociologiques ont été, comme le rapportent les historiens, les causes immédiates du déclin de cet empire. Mais ses raisons ultimes sont à chercher dans le gigantisme de mécanismes visant à utiliser les ressources naturelles au-delà du supportable[1]. »

De l'apogée de cet empire, il nous reste le célèbre temple d'Angkor Vat. Ici comme ailleurs, quand l'orgueil humain prétend défier avec outrecuidance les lois de la nature, le désastre n'est pas loin. La nature s'apprivoise, elle ne se domine pas.

Cette loi fondamentale de l'écologie ne souffre aucune exception.

1. Jean Dorst, *La Force du vivant*, Flammarion, 1979.

CINQUIÈME PARTIE

Le Bhoutan : un exemple de développement durable

la préservation des écosystèmes

CHAPITRE 16

LE BHOUTAN, PETIT PARADIS ÉCOLOGIQUE

Pour ne pas verser dans le catastrophisme, posons la question : n'existe-t-il pas sur la planète des régions ou des nations qui font de la protection de l'environnement et du développement durable leurs maîtres mots ? Bref, où l'écologie occupe toute sa place ?

À dire vrai, nous n'en avons trouvé qu'un : un petit pays de la taille de la Suisse, coincé au pied de l'Himalaya entre la Chine (région autonome du Tibet) et l'Inde – le Bhoutan.

Le Bhoutan forme un gigantesque escalier partant d'une altitude de 300 mètres au sud, sous climat tropical, pour s'élever à plus de 7 000 mètres au nord, où les sommets de l'Himalaya étincellent sous les neiges éternelles. Or cette montée vers le Grand Himalaya s'effectue en moins de 150 kilomètres ! Aux basses altitudes s'étend la jungle qui fit la renommée de l'Inde avec le fameux livre de Rudyard Kipling mettant en scène Mowgli et ses acolytes : une jungle qui a aujourd'hui presque entièrement disparu mais qui subsiste ici dans son état originel. Viennent ensuite des forêts mixtes de feuillus et de conifères. Puis, au-delà de 2 000 mètres, s'installent les forêts de conifères, suivies, en altitude, des steppes de haute montagne, puis des glaciers.

Mais cette montée quasi vertigineuse en altitude du sud au nord est contrebalancée par des chaînes montagneuses qui se détachent de l'arête centrale est-ouest de l'Himalaya et descendent, en direction nord-sud, vers les basses plaines, isolant une série de vallées orientées également nord-sud, reliées entre elles par des cols qui dépassent 3 000, voire 4 000 mètres. En résulte une extraordinaire mosaïque de populations parlant des langues différentes, isolées les unes des autres au fond de chaque vallée, mais pourtant unifiées par la pratique nationale du bouddhisme, religion d'État, et de traditions fort anciennes que le royaume s'évertue à conserver.

À la différence de tous les États et nations de la planète, le Bhoutan ne s'est pas engagé dans une folle course au progrès, à la croissance économique, au développement désordonné. La mondialisation de l'économie est ici considérée avec beaucoup de recul et de circonspection, le pays s'efforçant, sous la direction d'un monarque éclairé, le roi Gjigme Singye Wangchuck, de concilier développement et fidélité aux valeurs ancestrales des Bhoutanais. N'est-ce pas à lui qu'on doit cette fameuse formule : « Le *bonheur national brut* plutôt que le *produit national brut* » ?

Certes, le Bhoutan accepte l'aide internationale, en particulier celle de la Suisse et des pays scandinaves, pays à la sensibilité écologique affinée, pour mettre en place un réseau de routes et d'électrification, des écoles et des dispensaires, tous d'accès gratuit. Il s'efforce de la même manière et avec la même énergie de protéger l'environnement et les ressources naturelles, exceptionnellement riches en ce pays, au climat de mousson très contrasté, la zonation altitudinale entraînant une forte diversité des faunes et des flores, des écosystèmes et des milieux. Tandis que la forêt, dont la gestion est très strictement réglementée, occupe aujourd'hui 72 % du territoire national (contre 64 % seulement vers 1960, ce qui donne une idée de l'effort de reboisement), les espaces protégés, parcs nationaux et réserves, constituent un vaste réseau occupant 28 % de la superficie totale du pays – sans doute un record mondial absolu. De nombreuses espèces animales et végétales sont protégées, et les associations de défense de la nature occupent dans le paysage bhoutanais une place sans commune mesure avec celle que leur concèdent la plupart des autres pays, le nôtre en particulier. La faible population du Bhoutan (un million neuf cent mille habitants seulement) facilite naturellement ces vastes plans de conservation, bien que la pression démographique y soit élevée, avec un taux de croissance annuel de l'ordre de 2,5 pour mille. C'est pourquoi le pays encourage le contrôle des naissances.

Ces politiques de conservation sont aussi favorisées par l'extrême prudence avec laquelle le Bhoutan s'est engagé dans l'industrie du tourisme, qui n'est ici qu'un modeste artisanat entre les mains d'une agence gouvernementale sourcilleuse et bien organisée : quelques milliers de touristes seulement accèdent chaque année, dans des conditions très réglementées, à ce pays. Aucune pression n'est donc exercée sur les milieux naturels, non plus que sur les espaces bâtis, construits selon les règles d'une architecture saisissante de beauté et d'harmonie, dans le style traditionnel bhoutanais. Pas de tours, pas de béton, pas d'orgueilleuses constructions « à l'américaine », comme partout ailleurs dans le monde ! Les dzongs, ces monastères fortifiés qui parsèment le pays, avec leurs toits en auvents et une large utilisation du bois en tant que matériau de construction, s'insèrent admirablement dans le paysage. La capitale, Thimbu, compte à peine trente mille habitants et n'a pas encore « inventé » les feux rouges ! Elle n'est défigurée par aucune construction « moderne », hors d'échelle, inharmonieuse et inadaptée. Pour paraphraser le poète, « tout ici est meilleur et plus beau qu'ailleurs ».

Les usines ont été prudemment installées sur la frontière sud, au contact avec l'Inde : il s'agit de cimenteries, de firmes métallurgiques et d'usines textiles ou chimiques dont l'implantation a été rendue possible par l'électricité fournie par une grande centrale hydroélectrique. Car l'électricité d'origine hydraulique est et restera l'énergie reine du Bhoutan, de sorte que ce pays ne contribuera pas, ou très peu, à l'effet de serre et au réchauffement de la planète. On estime en effet son potentiel hydroélectrique à plus de 30 mégawatts, soit l'équivalent d'une vingtaine de réacteurs nucléaires français, ressource vertigineuse pour un aussi petit pays qui, dès à présent, exporte de l'électricité en Inde et dont plusieurs barrages, actuellement en chantier, sont destinés à amener l'électricité sur les zones qui en sont encore privées. Le Bhoutan a tout misé sur cette énergie durable et renouvelable qui alimente les zones industrielles récentes du sud, environnées par des jungles tropicales difficilement praticables, mais aussi par des plantations d'orangers et de cardamomes (dont le Bhoutan est l'un des principaux producteurs mondiaux). Les basses régions sont aussi le paradis des orchidées dont il existe ici de très nombreuses espèces, protégées pour la plupart. La mousson d'été y répand des pluies diluviennes sans qu'on déplore pour autant d'inondations catastrophiques ou de glissements de terrain comme on en voit en Haïti ; les forêts y jouent en effet leur rôle de tampon et contribuent à la régularisation du régime hydrographique des cours d'eau.

Dans la zone centrale et les vallées parallèles qui la parcourent du nord au sud, les pluies sont également abondantes, tandis que d'avril à mai la floraison de dizaines d'espèces de rhododendrons ponctue le paysage de couleurs chatoyantes dont la beauté contribue au charme magique de ces régions.

Au nord, enfin, dans le grand Himalaya, à des altitudes comprises entre 5 000 et plus de 7 000 mètres, le climat est naturellement beaucoup plus sévère, avec des hivers glacés et enneigés. C'est le domaine des plantes de haute montagne, comme le fameux pavot bleu [1], fleur nationale du pays, les edelweiss et les gentianes. On récolte à des altitudes plus basses de nombreuses plantes médicinales qui, dans des textes anciens, valaient aux vallées du Bhoutan d'être surnommées « vallées aux herbes médicinales », aujourd'hui étudiées à l'Institut des médecines traditionnelles de la jeune université du pays. Le nord est aussi le domaine du très rare léopard

1. *Meconopsis grandis.*

des neiges et du takin – espèce de bœuf qui est l'animal national –, du daim porte-musc, toutes espèces protégées, de même que de nombreux papillons. Une grande partie de ces régions sont d'ailleurs classées parc national.

En été, les éleveurs nomades ou semi-nomades parcourent le nord jusqu'à des altitudes dépassant 5 000 mètres, où ils mènent pâturer leurs yaks. Ils vivent dans des tentes en poil de yak, l'animal providentiel de cette région qui fournit la viande, le beurre, le fromage et le yaourt ; tandis que son poil est utilisé pour tisser les toiles de tente, sa bouse sert de combustible, et sa viande sera échangée à l'automne, dans les vallées centrales, contre du riz, du sel et des outils de première nécessité.

Paradoxalement, le Bhoutan était jadis plus aisément accessible par les cols du nord que par le sud couvert de jungles souvent impénétrables. Aujourd'hui, la frontière avec la Chine est fermée et c'est donc par le sud que le pays s'ouvre à l'Inde et au monde extérieur. Pourtant, ce pays pauvre, vivant en quasi-autarcie et où 85 % de la population s'adonnent à la culture et à l'élevage, parvient néanmoins à atteindre un produit national brut de cinq cent quarante dollars par tête d'habitant, chiffre parmi les plus élevés de l'Asie du Sud. Comme quoi le développement durable pratiqué ici à grande échelle n'est nullement incompatible avec le bien-être des habitants. Mais celui-ci est aussi fondé sur la spiritualité bouddhique, religion d'État encouragée et aidée par le gouvernement et qui intègre les valeurs traditionnelles du pays : pas question ici de laïcité, concept totalement étranger aux Bhoutanais !

Mais le principal défi, et pas des moindres, pour ce petit pays, est de devoir coexister avec ses deux énormes voisins, la Chine et l'Inde, qui ont choisi un mode de développement tout différent, quasiment à l'américaine, largement destructeur des ressources naturelles et sans doute intenable à terme, si l'on veut prendre en compte et respecter les besoins des générations futures.

On reste confondu par cette souplesse adaptative d'un pays longtemps fermé à toute influence extérieure et qui a su choisir une voie unique et originale, s'adaptant au monde moderne sans toutefois annihiler ses valeurs et ses traditions. Peut-être faut-il y voir une conséquence du bouddhisme, religion ouverte et peu moralisante, comme en témoignent les mœurs fort libres des Bhoutanais. Le Bhoutan est en effet un pays au système matrimonial et familial fort tolérant ; le mariage y revêt des formes diverses : monogamie, polygamie avec des sœurs, polyandrie avec des frères, notamment dans le nord du pays ; le divorce y est rendu aisé par le fait qu'il n'existe pas de système de dot, que les femmes héritent au même titre que les hommes et gardent leurs biens et leur nom après mariage. D'autre part, garçons et filles sont aussi bien accueillis à la naissance, mais souvent, à la différence de la Chine, les filles y sont préférées car elles ont la réputation de mieux s'occuper de leurs vieux parents. L'indépendance et la force de caractère des femmes bhoutanaises sont l'une des caractéristiques les plus intéressantes de cette société. Aussi sont-elles aujourd'hui formées à éduquer très tôt leur famille aux grands principes de l'écologie, discipline qui protège la vie et à laquelle, on le voit partout dans le monde, les femmes sont en général plus sensibles que les hommes.

Même climat de tolérance dans les monastères : lorsqu'un adulte s'aperçoit que la vie monastique ne lui convient pas, il peut renoncer à ses vœux et retrouver la vie laïque sans que la société réprouve en rien son geste.

La Société royale pour la protection de la nature développe une multitude de programmes : ici, pour protéger les hérons blancs et leur permettre de nicher ; là, pour dispenser les mêmes soins aux grues, etc. Des surveillants chargés de la protection des espèces et de la lutte contre le braconnage sont à pied d'œuvre dans ce pays où le bouddhisme est censé interdire la chasse. Par des rencontres et des réunions, les habitants sont invités à s'associer et à mettre en œuvre de multiples projets environnementaux autour des monastères, visant tous à protéger des espèces ou des espaces riches et vulnérables.

Cette Société royale est omniprésente. Sur son site, les internautes publient des articles, notamment les enfants, et les appels de fonds destinés à la protection de l'environnement y sont fréquents. La zonation altitudinale très brutale entre les écosystèmes tropicaux et ceux de haute montagne font de ce pays une des dix zones du monde les plus riches en biodiversité : on y dénombre pas moins de cinq mille cinq cents espèces de plantes vasculaires – soit bien plus qu'en France –, dont quarante-six espèces de rhododendrons et trois cent soixante-neuf espèces d'orchidées. Mais les inventaires sont loin d'être terminés et les savants étrangers y sont aujourd'hui accueillis pour étudier les écosystèmes encore fort peu perturbés du pays. Ainsi, sur les 72 % du territoire correspondant à des surfaces couvertes de forêts, seuls 8 % correspondent à des massifs relativement dégradés ; le reste est intact. Dans l'utilisation du bois de chauffe, plusieurs programmes visent à modifier les fourneaux afin de réduire les consommations en bois et les déperditions de chaleur.

Pourtant, tout n'est pas parfait dans ce pays de rêve. La récolte sauvage du bois se poursuit malgré tous les efforts gouvernementaux pour réglementer strictement les prélèvements. Le phénomène est très net autour de Thimbu et l'on conçoit que des campagnes soient menées, notamment auprès des scolaires, pour organiser des replantations.

Un autre projet ne manque pas d'ambition : faire de Thimbu la plus belle ville du monde ! Un projet qui motive fortement les habitants mais qui se heurte néanmoins à quelques difficultés. La ville en est à son tout premier stade de développement ; elle aspire à éviter les erreurs commises ailleurs et à choisir sa propre voie. Aussi encourage-t-on l'implantation de jardins urbains, de parcs privés ou publics. Mais les habitants sont invités à cette fin à acheter des plantes d'ornement, ce qui peut paraître saugrenu dans un pays aussi vert et aussi bien placé pour abriter des villes-jardins. Il semble que le concept d'écologie urbaine soit de mise à Thimbu, mais la plupart des plantes étant protégées, il est difficile de s'en procurer lorsqu'elles sont issues de cultures, sauf à des prix souvent prohibitifs pour le commun des mortels. Et puis il faudra bien un jour décider du point de savoir si Thimbu est une ville ou un village, car les vaches ont la mauvaise habitude d'aller pâturer dans les jardins des voisins, de sorte qu'on envisage maintenant de faire quitter la ville aux bêtes d'élevage pour des fermes environnantes. Le projet « Notre Thimbu », visant à l'appropriation de la ville par ses habitants, semble néanmoins fort dynamique et devrait aboutir à des résultats positifs.

Le Bhoutan est aussi menacé par la montée des eaux des lacs de montagne, consécutive au réchauffement climatique et à la fonte des glaciers. Le risque est que, d'ici cinq à dix ans, le niveau de ces lacs soit tel qu'ils emportent les barrières morainiques qui les retiennent, et entraînent de brutales inondations. Un risque qu'encourt également le Népal.

Autre problème : celui du Sud, où de nombreux Népalais se sont installés et revendiquent la nationalité bhoutanaise, ce qui entraîne des frictions et d'interminables discussions avec le pays limitrophe.

Mais il faut conclure : toute la stratégie de ce petit pays, on l'aura compris, vise à maximiser le « bonheur national brut », concept qui place l'individu au centre de toutes les stratégies de développement en considérant les besoins matériels mais aussi spirituels et affectifs de chacun. Ce concept s'appuie sur la conviction que les besoins matériels de base étant satisfaits, c'est à la satisfaction des besoins non matériels – d'ordre spirituel, affectif et moral – que doivent s'atteler les gouvernants. Une conception différente de celles des grands pays du monde et des petits qui cherchent à les imiter, pour qui la croissance économique, d'ordre purement matériel, constitue le seul facteur ou la seule mesure du progrès.

Le Bhoutan nous donne l'exemple de ce qu'il conviendrait de faire à l'échelle planétaire. Mais la macroévolution sociale a choisi une voie différente : tous regardent vers les États-Unis, la puissance mondiale qui étend désormais son imperium à la planète entière. Or, si tous les habitants du globe atteignaient le niveau de vie d'un Américain, il faudrait, pour disposer des ressources suffisantes, cinq à six planètes supplémentaires ! Nous n'en avons qu'une, et nos perspectives de migration vers d'autres mondes relèvent de la plus pure utopie. Notre mode de développement est donc, à terme, impossible, et si nous ne prenons pas très au sérieux les concepts de développement durable, nous sommes perdus.

Plaise à Dieu que ce petit royaume de l'Himalaya nous serve de modèle alternatif avant qu'il ne soit trop tard ! Car s'il est déjà tard, très tard, il n'est pas encore trop tard. L'avenir est encore entre nos mains. Nous sommes responsables de la planète : apprenons à la jardiner avec tendresse et délicatesse, comme font les habitants du Bhoutan, royaume écolo et qui doit faire école !

ÉPILOGUE
en forme de profession de foi

Le marais de Kaw, en Guyane, et le littoral asiatique dévasté par un tsunami géant nous offrent deux images d'écosystèmes fort contrastés. Vestige aujourd'hui rare d'une nature totalement vierge, le premier est en équilibre à l'abri de toute intervention humaine. À l'inverse, les littoraux asiatiques ont été dévastés par une catastrophe naturelle de grande ampleur totalement étrangère, elle aussi, à l'action de l'homme. En revanche, Nauru et Haïti ont vu leurs écosystèmes déséquilibrés du fait de l'homme. Équilibre-déséquilibre, construction-destruction, coopération-compétition, solidarité-lutte : la vie résulte de la mise en œuvre simultanée de ces couples de concepts opposés, perpétuellement en tension mutuelle, comme le sont aussi la vie et la mort. Car la vie n'est pas linéaire, mais dialectique, ce qu'exprime fort bien le taoïsme par le couple du Yin et du Yang.

Ce mouvement dialectique éclaire aussi les mécanismes de l'évolution. En amont, la coopération, la construction, la solidarité, la symbiose créent du neuf en associant des éléments simples pour réaliser des formes plus complexes, douées de propriétés émergentes : des particules élémentaires, les quarks, s'agencent en atomes ; deux atomes d'hydrogène se combinent à un atome d'oxygène pour construire la molécule d'eau indispensable à la vie ; une molécule de phosphate, une molécule de sucre et une molécule de base se combinent pour former l'ADN, molécule clé de tous les processus vivants ; un gamète mâle et un gamète femelle s'associent pour donner un œuf, point de départ d'un nouvel individu, différent des parents selon l'adage : *Qui fait un œuf fait du neuf* ; chaque cellule à noyau résulte de l'association de plusieurs organites élémentaires par symbiose, notamment la mitochondrie et, pour les cellules végétales, le chloroplaste ; de même, des êtres unicellulaires s'associent pour créer des organismes plus complexes, pluricellulaires ; et ceux-ci, à leur tour, entretiennent des relations au sein des sociétés qu'ils constituent.

Ainsi, d'étape en étape, du plus simple au plus complexe, la vie crée sans cesse du neuf par coopération. Ces nouveautés sont à leur tour soumises à la sélection naturelle : changement des conditions de milieu ou luttes destructrices qui éliminent les moins adaptés. *Alors que la coopération crée, la compétition trie.* Et ce qui vaut pour les individus et les espèces vaut aussi pour les écosystèmes. Ceux-ci se construisent par l'étroite imbrication et les subtils échanges de services entre les espèces qui les constituent, et se transforment ou se détruisent sous la pression des forces sélectives. Certes, la microévolution consécutive à des mutations ponctuelles sélectionnées par le milieu reste parfaitement interprétable par le modèle darwinien. Elle joue sans cesse au niveau des espèces qu'elle transforme en d'autres espèces. Mais les grandes innovations de la vie, les grandes étapes que nous venons d'évoquer exigent la mise en œuvre des mécanismes de coopération. Parlant de sélection naturelle, Darwin avait parfaitement saisi le second temps des mécanismes de l'évolution, la phase de mutation et de tri ; mais la première étape constructrice, pourtant décisive, lui avait semble-t-il échappé. Car les mécanismes agrégatifs, coopératifs, symbiotiques sont l'agent créateur fondamental de la vie. On le voit bien aussi dans les mécanismes naturels de transgenèse comme ceux évoqués à propos des arbres nains du sud de Tenerife ou des hêtres tortillards de la forêt de Verzy, près de Reims : des formes ou des espèces nouvelles peuvent résulter de l'apport additif de gènes étrangers.

Viendra un jour où le darwinisme n'apparaîtra plus comme l'explication unique et ultime des mécanismes de l'évolution, la prise en compte de l'importance décisive des phénomènes de coopération, restés jusqu'ici dans l'ombre, finissant par s'imposer. Comme il y eut un avant-Darwin, il y aura un jour un après-Darwin. On comprendra alors toute la puissance des forces créatives fondées, comme on voudra, sur la coopération, ou la symbiose, ou la solidarité, et, pour tout dire, au niveau conscient, sur l'amour.

REMERCIEMENTS

J'exprime ma plus vive gratitude à Daniel Guiral et à Jean-Claude Lefeuvre pour l'importante documentation qu'ils ont mis à ma disposition concernant les marais de Kaw et la baie du Mont-Saint-Michel.

BIBLIOGRAPHIE SOMMAIRE

Partie 1 : Tenerife : la planète en miniature – La zonation des écosystèmes

BRAMWELL BSc. Zoë, *Kanarische Flora*, Éditions Rueda, Espagne, 1974.

BRAMWELL David, *Flore des Îles Canaries* (guide de poche), Éditions Rueda, Espagne, 2000.

CANO Domingo Manfredi, *Tenerife*, Éditions Evergraficas, Espagne, 1984.

HALLE Francis, *Éloge de la plante*, Éditions du Seuil, Paris, 1999.

Partie 2 : Des marais salés aux mares à crocodiles – Le fonctionnement des écosystèmes

HAYON J.-C., PELT J.-M., « La place de la flore halophile lorraine dans l'ensemble européen », *Bulletin de la Société botanique du Nord de la France,* tome XXII (2), 1969, 137-142.

PELT J.-M., HAYON J.-C., « Mise en évidence d'une série écologique commune aux stations halophiles d'Europe littorale et continentale », *Bulletin de la Société de botanique du Nord de la France*, tome XXII (2), 1969, 125-136.

PELT J.-M., HAYON J.-C., YOUNOS Ch., « Caractères écologiques et floristiques de deux stations halophiles d'Afghanistan », *Vegetatio – Acta Geobotanica*, vol. XX, 1970, 307-328.

Site Internet : Richesses écologiques du Saulnois

http ://www.ac-nancy-metz.fr/enseign/svt/eleve/cyber/Hermite/chep10.html

Laboratoire d'Évaluation des Systèmes Naturels et Modifiés. UMR 6553 CNRS, Université de Rennes 1, Baie du Mont-Saint-Michel : « Synthèse rapide des connaissances acquises sur le fonctionnement de l'écosystème côtier », 1997 (Lefeuvre Jean-Claude).

LEFEUVRE J.-C., *La Baie du Mont-Saint-Michel*, Actes Sud/Éditions Locales de France, 2000.

LEFEUVRE J.-C., « Environnement et paysage : retrouver la nature profonde de la baie », supplément *Journal de l'opération/La Baie*, dossier environnement, 2001.

LEFEUVRE J.-C., LAFAILLE P., FEUNTEUN E., BOUCHARD V., RADUREAU A., « Biodiversity in salt marshes : from patrimonial value to ecosystem functioning. The case study of the Mont-Saint-Michel bay », *C.R. Biologies*, 2003, 326, S125-S131.

SOUTIF Maurice, « Les secrets de la mare aux caïmans », *Terre sauvage*, n° 184, 2003, 57-63

Sites Internet

IRD, GUIRAL Daniel, *Le Marais de Kaw.*

MONOD Théodore, *L'Hippopotame et le philosophe*, Actes Sud, réédition, 2004.

Partie 3 : Des forêts anglaises à la grande prairie américaine – La dynamique des écosystèmes

LEBRETON Philippe, *Eco-logique*, InterÉditions, Paris, 1978.

DAJOZ R., *Précis d'écologie*, 7e édition, Dunod, Paris, 2000.

LEVEQUE Christian, *L'écologie – De l'écosystème à la biosphère*, Éditions Dunod, 2001.

PELT Jean-Marie, *La Vie sociale des plantes*, Fayard, Paris, 1985.

RAMADE François, *Éléments d'écologie – Écologie fondamentale*, 3e édition, Éditions Dunod, Paris, 2003.

WORSTER Donald, *Les Pionniers de l'écologie*, Éditions Sang de la terre, Paris, 1977.

Partie 4 : Les grands sinistres écologiques – La destruction des écosystèmes

DORST Jean, *La Force du vivant*, Éditions Flammarion, Paris, 1979.

LLOYD-ROBERTS Sue, ANBARASAN Ethirajan, « Mer d'Aral : dépasser les gâchis du passé », *Le Courrier de l'UNESCO* (Notre Planète), 2000, 10-13.

Le Figaro, « Le monde mobilisé après le passage de Jeanne », 22 sept 2004.

Sites Internet

www.univ-st-etienne.fr/crenam/donnee/cours/cubi/cubiaral.html

www.oieau.fr/eaudoc/synthes/engref/aral.htm

www.sea-river.com/125_5.php

http://fr.encarta.msn.com/text_761576153_1/Haïti.html

http://berclo.net/page02/02fr-nauru.html

Partie 5 : Le Bhoutan : un exemple de développement durable – La préservation des écosystèmes

DOMPNIER Robert, *Bhoutan : le pays du dragon*, Éditions Olizane, Genève, 1999.

DOMPNIER Robert, *Bhoutan : royaume hors du temps*, Éditions Picquier, Arles, 2001.

POMMARET Françoise, *Bhoutan*, Éditions Olizane, Genève, 2002.

Sites Internet

http ://amisdubhoutan.free.fr/Pages/bhoutan.htm

Épilogue

PELT Jean-Marie, *De l'Univers à l'être, réflexions sur l'évolution*, Fayard, Paris, 1996.

PELT Jean-Marie, en collaboration avec Franck STEFFAN, *La Solidarité chez les plantes, les animaux, les humains*, Fayard, 2004.

INDEX DES NOMS DE LIEUX

Ab-i-Istada : 96
Afghanistan : 92, 95, 97
Afrique : 25, 27, 29, 52, 81, 134, 191, 215
Afrique du Nord : 24
Aigues-Mortes : 104
Alegranzia : 66
Allemagne : 86, 166
Alsace : 73
Amazonie : 29
Amérique : 27, 39, 101, 121, 133, 134, 215
Amérique du Sud : 34, 49, 121, 180
Amou Daria (Oxus) : 95
Amou-Daria : 95, 218, 222
Andaman : 193
Andes : 119
Arabie : 29
Aral : 215, 217, 218, 219, 220, 221, 222, 223, 224
Aralsk : 215, 222, 223
Arcadie : 174
Arizona : 29
Asie : 26, 155, 189, 191, 197, 215, 237
Asie centrale : 92, 97, 215, 218, 219, 220
Athènes : 174, 176
Atlantique : 19, 27, 29, 116
Australie : 193, 206, 207, 208, 209, 210, 211
Autriche : 86
Auvergne : 168
Azov, mer d' : 223

Banabanas : 211
Bangladesh : 195
Barcelone : 178
Bécharré : 178
Belgique : 77, 215
Bhoutan : 227, 229, 231, 232, 234, 235, 236, 238, 242, 243
Bretagne : 42, 105, 115

Bruges : 173
Buada, lagune de : 211

Californie : 42, 158
Canaries : 19, 23, 25, 26, 27, 28, 29, 30, 38, 39, 40, 42, 43, 44, 46, 54, 55, 56, 57, 59, 65, 66, 67
Canberra : 209
Cap-Vert : 43
Caraïbes : 198, 201, 203
Caspienne : 118, 215, 219
Castille : 179, 180
Cayenne : 117, 126
Channel : 28
Charon : 14
Château-Salins : 73, 75, 92, 106, 108
Chicago : 157
Chimborazo : 63
Chine : 53, 182, 195, 205, 208, 229, 236, 237, 238
Combrailles : 168
Costa Rica : 130
Côte d'Azur : 34
Cotentin : 105

Dakar : 29
Dakota du Nord : 154
Dakota du Sud : 154
Dieuze : 90

El Portillo : 58
Espagne : 30, 56, 67, 173, 174, 178, 179, 180, 181, 212
Etats-Unis : 151, 158, 190, 192, 195, 199, 243
Éthiopie : 195
Euphrate : 177
Europe méditerranéenne : 26

Floride : 199
Fonds-Vérettes : 198
France : 36, 40, 46, 75, 77, 101, 104, 105, 107, 109, 145, 190, 199, 240
Fuerteventura : 23, 24

Gênes : 50
Gibraltar : 26, 178
Gonaïves : 199
Graciosa : 66, 67
Grande Canarie : 23, 24, 31, 68
Grande Prairie : 137, 151, 154, 155, 157, 167
Grande-Bretagne : 101, 114, 140, 206
Grèce : 173, 174, 175, 176, 178
Guyane : 116, 117, 119, 129, 245

Haïti : 188, 198, 199, 200, 201, 202, 203, 212, 214, 234, 245
Hambourg : 89
Hawaii : 210
Hierro : 23, 24
Himalaya : 229, 230, 235, 243
Hiroshima : 190
Hongrie : 86

Inde : 95, 185, 187, 191, 193, 205, 229, 230, 233, 234, 236, 237
Indien (océan) : 191
Indonésie : 43
Indus : 185
Io : 17
Irak : 29
Irtych : 220
Israël : 176
Ixion : 14

Jameo de Agua : 66
Japon : 195, 197
Jupiter : 16, 17

Kansas : 154
Kaw : 117, 118, 119, 121, 122, 124, 130, 132, 133
Kazakhstan : 217, 221
Kirghizistan : 220
Kobé : 197
Kuiper : 14

La Chapelle-Chaussée : 99
La Haye : 207
La Laguna : 44
La Orotava : 44, 49, 53, 63, 64, 65
La Palma : 23, 60
Lanzarote : 23, 24, 66, 67
Le Couesnon : 104
Le Pirée : 174
Londres : 89
Lorraine : 73, 75, 77, 78, 80, 83, 86, 87, 88, 91
Los Christianos : 40, 68
Los Rodeos : 64
Lune : 17, 25
Luxembourg : 21, 77

Madère : 43
Madrid : 29, 178
Malaisie : 144
Manche : 28
Maroc : 180
Mars : 17, 18
Marsal : 75, 90, 91
Mauritanie : 26, 134
Meathop Wood : 140
Melbourne : 208
Metz : 73
Mexique : 34, 50
Middle West : 157
Montana : 154
Mont-Saint-Michel : 88, 99, 100, 103, 104, 105, 107, 110, 112, 113, 115
Moselle : 73

Naples : 50
Nauru : 188, 205, 206, 207, 208, 209, 211, 212, 214, 245
Nebraska : 151, 152, 154
Népal : 242
Neptune : 14, 15
Nicobar : 193
Nil : 134, 135, 136
Normandie : 105, 115, 145
Nouvelle-Zélande : 206

Ob : 220
Oklahoma : 154
Ouzbékistan : 221

Pacifique : 191, 205, 208, 210, 212
Pakistan : 93, 185, 187
Paris : 29
Parthénon : 174
Pays-Bas : 114
Pérou : 50, 180, 212
Perse : 176
Persépolis : 176
Philippines : 204, 208
Playa de America : 40, 68
Playa del Inglese : 68
Pluton : 14, 18
Puerto de La Cruz : 40, 47, 50
Pyrénées : 178

Quaoar : 14

Radjput : 185
Ramsar : 118
Rennes : 99, 100
Rio Negro : 126
Rocheuses : 154
Sahara : 29, 61, 64, 134, 135, 136, 175, 188

Sahel : 81, 195
Saint-Domingue : 202, 203
Salonne : 75
Samoas : 211
Santa Cruz de Tenerife : 27, 38
Saturne : 15, 16
Sedna : 14
Seille, la : 74, 75, 90, 91
Sibérie : 89, 220
Socotra : 43
Somalie : 191
Soudan : 195
Strasbourg : 73
Suisse : 229, 231
Sumatra : 190
Sydney : 206, 208
Syr-Daria : 218, 221, 222, 223

Tadjikistan : 220
Taganna : 44
Tchad : 134
Teide : 19, 26, 30, 47, 50, 57, 58, 59, 60, 61, 62, 65
Tenbel : 68
Tenerife : 11, 19, 21, 23, 24, 27, 28, 29, 31, 38, 44, 50, 61, 63, 64, 68, 73, 248
Texas : 154, 157
Thimbu : 233, 240, 241
Tibet : 182, 229
Tigre : 177
Titan : 16
Trafalgar : 28
Triton : 15
Tyr : 176

Ukraine : 219
Uranus : 15
URSS : 95, 216, 219, 220

Venise : 79
Verzy, forêt de : 36, 248
Vic-sur-Seille : 80, 90
Victoria, lac : 215
Vietnam : 192
Villaflor : 57
Vosges : 58

Waterloo : 28

Yémen : 43

INDEX DES NOMS DE PERSONNES ET DE PEUPLES

Alexander von Humboldt : 28, 43, 44, 49, 50, 58, 62, 63
Alexandre le Grand : 95
Allemands : 174, 206
Anglais : 28, 40
Aristide, Jean-Bertrand : 202
Arroyo, Gloria : 204
Aubert, évêque d'Avranches : 101

Benoit, Pierre : 26
Bessey : 151
Bhoutanais : 237, 238
Brejnev, Leonid : 219
Briceno, Salvano : 197, 198

Caron : 79
Cassini-Huyghens : 16
Chateaubriand : 182, 214
Chinois : 182
Christophe Colomb : 27, 28, 202
Cro-Magnon : 24

Darwin : 247, 248
Dessalines : 202

Ellis, Albert : 206
Espagnols : 27, 174
Européens : 24, 25, 43, 67

Fearn, John : 206
Franck : 79

Gehu : 79
Gjigme Sinye Wangchuck, roi : 231
Gorbatchev, Mikhaïl : 220
Grecs : 95, 174
Guanches : 24, 25, 27, 43
Guiral, Daniel : 117, 119, 122, 125, 126, 130

Hadrien : 177

Haeckel, Ernst : 9, 63, 183
Haïtiens : 202
Hallé, Francis : 37, 120
Hayon, Jean-Claude : 82
Hercule : 25, 26
Herriot, Edouard : 187
Hiram : 176, 177
Homère : 174, 175
Hugo, Victor : 27, 105
Huntington, Samuel : 175

Jésus : 41

Khmer : 224, 225
Khrouchtchev, Nikita : 218
Kipling, Rudyard : 230

Lamarck, Jean-Baptiste : 184
Lamartine : 174
Lefeuvre, Jean-Claude : 99, 100, 106, 108, 111, 115
Lincoln : 151
Loth : 96

Malthus : 196
Marguerite Yourcenar : 177
Maures : 179
Mérinides : 180
Meunier, Francis : 127
Mill, Stuart : 169

Monod, Théodore : 134, 175
Nabuchodonosor : 176
Nelson : 28

Paryski, Paul : 204
Peaux-Rouges : 155, 156
Périclès : 174
Platon : 26, 174, 176
Pline : 26, 43

Romains : 26, 91, 177

Salomon : 176, 177
Scandinaves : 174
Shiva, Vandana : 193
Spencer, Herbert : 154
Steinbeck, John : 158

Thery, Marc : 130

Went : 35

INDEX DU MONDE VÉGÉTAL

Acajou : 203
Aeluropus littoralis : 96
Aeonium tabuliforme : 56
Aeonium urbicum : 33
Agave : 34, 44
Agropyrum : 107
Algue : 110, 126, 127, 132, 165
Algues bleues : 20
Alhagi : 94
Aloès : 52
Amandier : 41, 53
Ananas : 34
Anémone : 140
Arbousier : 26
Argyranthemum : 32
Armoise : 97, 162
Artichaut : 33, 56
Arum géant (*Montrichardia arborescens*) : 121
Astéracées : 32
Atropis distans : 84

Bananier : 51, 52, 53, 207
Betterave : 77
Blé : 24, 76, 90, 93, 158, 176, 183, 191, 219
Bocage : 100
Bouleau : 140, 163, 165, 166
Bourrache : 59
Brassicacées (Crucifères) : 37
Broméliacées : 34, 35
Bruyère : 53, 54, 64, 165, 166, 168

Cactacées : 34
Cactus : 38
Callune : 165, 166
Canna : 53
Cannabis : 95
Canne à sucre : 55, 203
Cardamine : 146
Cardamome : 234
Cèdre : 176, 177, 178, 203
Cerisier : 46

Champignon : 29, 36, 141, 142, 144
Chardon : 146, 213
Châtaignier : 36, 53
Chêne : 36, 140, 145, 204
Chênes sessiles : 165, 166
Chénopodiacées : 77, 93
Chiendent (*Agropyrum repens*) : 85, 86, 87, 96
Chou : 33
Cocotier : 45, 211
Colchique : 95
Colza : 37
Conifères : 230
Corinephorus canescens : 165
Cornichon : 77
Cyanophycées : 20

Datura : 95
Diatomées : 110, 111
Divaricatées : 35
Dragonnier : 42, 43, 44, 45, 46, 47, 57

Edelweiss : 235
Eucalyptus : 58
Euphorbe : 31, 32, 33, 38, 39
Euphorbe du roi de Juba (*Euphorbia regis jubae*) : 31, 32
Euphorbia broussonetii : 31
Euphorbiacées : 52

Fenugrec : 95
Fétuque : 165
Feuillus : 230
Ficus : 53
Figuier : 39, 41, 53, 213
Flamboyant : 53
Frêne : 140

Genêt (*Spartocytisus supranubius*) : 59, 90, 165
Gentiane : 235
Géranium : 52, 153
Glyceria fluitans : 84
Glycérie (*Glyceria distans*) : 84, 85, 86, 87
Graminées : 145, 146, 155, 165
Guimauve : 85

Herbe à buffle (*Buchloe dactyloides*) : 154
Herbus : 104, 106
Hêtre : 36, 145, 248
Houx : 54, 121

Jacinthe : 140
Jonc : 85, 86, 87, 107
Joubarbe : 33, 56
Jusquiame : 95

Lande : 100, 165, 166, 168
Laurier : 54, 55, 57, 58, 64
Lichen : 58, 210
Lobaria : 58

Maïs : 109, 114
Mangrove : 119, 191, 192, 193, 195
Maquis : 53, 54, 58, 64
Marguerite : 32
Massette : 163
Moutarde : 95

Nénuphar (*Nymphea rudgeana*) : 121, 123, 125, 127
Noisetier : 140, 167

Obione (*Portulacoïdes, pedunculata*) : 107, 108, 109, 110, 111, 112, 113
Olivier des Canaries (*Picconia excelsa*) : 42
Olivier européen (*Olea europea*) : 42
Opium : 95
Opuntia : 38, 39, 41
Orange : 17, 25
Oranger : 234
Orchidée : 54, 234, 240
Orge : 24, 96, 122, 153
Orme : 51, 53, 103, 157, 163, 207, 237

Palétuvier : 119, 192
Palmier : 40, 43, 45, 53, 57, 67
Pas-d'âne : 162
Pavot bleu (*Meconopsis grandis*) : 235
Pin : 7, 45, 57, 58, 203
Plocoma pendula : 39
Poacées : 145
Poinsettia : 52
Poireau : 51
Pomme : 25
Pomme de terre : 183
Prunier : 46
Puccinellia distans : 84, 85

Renoncule : 87, 146
Renoncule de Baudot : 83
Rhododendron : 235, 240
Ricin : 95
Riz : 236
Ronce : 140
Roseau : 83, 90, 96, 163
Rubanier : 163
Ruppie (*Ruppia maritina*) : 83, 87

Salicorne (*Salicornia europea*) : 74, 76, 77, 78, 79, 84, 85, 86, 87, 93, 97, 106, 108, 258
Salicornia emerici (var. vicensis) : 79
Salicornia ramosissima : 79
Saule : 163
Spartine : 107
Sphaigne : 165
Strelitzia : 53

Taïga : 64
Tamarix : 94
Taro (Aracée) : 207
Teck : 203
Toundra : 89
Trèfle : 146
Tremble : 163
Tulipier du Gabon : 53
Tussilage : 162

Usnéa : 58

Violette : 54, 62
Violette du Teide (*Viola cheiranthifolia*) : 62

Yucca : 44

Zannichellie (*Zanichellia palustris*) : 83, 87

INDEX DU MONDE ANIMAL

Acarien : 36, 147
Agneau : 108
Alevin : 126, 129
Alouette : 155
Anhinga : 131
Araignée : 147
Artémia : 223
Arthropode : 141, 142
Atipas : 129

Bactérie : 109, 110, 141, 142, 144
Barge à queue noire et rousse : 114
Bécasseau maubèche : 114
Bécasseau variable : 114
Bergeronnette grise : 90
Bernache cravant : 108
Bison : 155, 156
Bœuf : 236
Bousier : 147, 148
Bovin : 146, 147, 148, 149
Buccin : 113

Calmar : 113
Campagnol : 147
Canard : 90, 108, 114
Carpe : 223
Cheval : 183
Chèvre : 24, 175
Chevreuil : 141, 149
Chimpanzé : 153
Cochenille : 39
Cochon : 24
Coléoptère : 91, 148
Collembole : 147
Combattant : 90
Coprophage : 148
Coque : 113
Courlis cendré : 90, 114
Coyote : 155
Crevette : 113, 193, 223
Crocodile : 71, 134, 135, 136

Crocodilien : 121, 124, 128, 129, 135

Daim porte-musc : 236
Diptère : 147, 148
Dorade : 112

Esturgeon : 113

Fourmi : 147

Girafe : 134
Gobie : 112
Grand dauphin : 113
Grue : 90, 155, 239

Hareng : 112
Héron agami : 131
Héron cocoï : 122, 131
Hoatzin : 123
Huître : 110, 111, 113
Huîtrier pie : 114

Jacana (oiseau Jésus) : 123

Léopard des neiges : 235
Lézard : 123
Libellule : 91
Lièvre : 155
Limace : 147
Limande : 223
Lion : 134
Lombric : 141, 142, 144, 147

Martin-pêcheur : 90
Mérinos : 180
Merlan : 112
Mollusque : 141, 142, 147
Moule : 110, 111, 113
Mouton : 24, 104, 106, 107, 108, 109, 111, 135, 176, 179, 180
Mulet : 111

Nématode : 36

Oiseau : 53, 56, 65, 89, 90, 91, 111, 113, 114, 122, 123, 130, 131, 132, 135, 141, 206, 209
Orchestia : 109, 110, 111, 113
Ovin : 108
Oyak : 128

Panda : 182
Papillon : 236
Patagai : 128, 129
Phoque veau-marin : 113
Piranha : 129
Plancton : 126, 133
Pluvier argenté : 114
Poisson : 67, 77, 89, 110, 111, 112, 113, 123, 125, 126, 127, 128, 129, 132, 133, 135, 209, 217, 223
Porc : 183
Poussin : 123
Praire : 113
Puceron : 36, 147

Raie : 112
Rongeur : 131
Rotifère : 126, 127, 129, 133

Saprophage : 147
Sardine : 112
Savacou : 131
Scarabée : 148
Seiche : 113
Serpent : 60, 131

INDEX DU MONDE ANIMAL

Singe : 131
Sole : 112

Takin : 236
Taupe : 147
Tipule : 147
Traquet pâtre : 90

Vanneau huppé : 90
Vipère : 60

Yak : 236

Zooplancton : 110, 126, 127, 129, 133

TABLE

En guise d'introduction 9

PREMIÈRE PARTIE

Tenerife : la planète en miniature
La zonation des écosystèmes

CHAPITRE PREMIER : Objectif terre 13
CHAPITRE 2 : Les îles du perpétuel printemps 23
CHAPITRE 3 : Une zone aride où les gènes s'assemblent de curieuse façon 31
CHAPITRE 4 : De la mer au plus grand cratère du monde 49

DEUXIÈME PARTIE

Des marais salés aux mares à crocodiles
Le fonctionnement des écosystèmes

CHAPITRE 5 : La Salicorne Vallée 73
CHAPITRE 6 : Le Mont-Saint-Michel
au péril de la mer 99
CHAPITRE 7 : La mare aux caïmans noirs .. 117

TROISIÈME PARTIE

Des forêts anglaises
à la Grande Prairie américaine
La dynamique des écosystèmes

CHAPITRE 8 : L'écologie en chiffres 139
CHAPITRE 9 : Tornades sur la Grande
Prairie américaine 151
CHAPITRE 10 : L'écologie en mouvement .. 161

QUATRIÈME PARTIE

Les grands sinistres écologiques
La destruction des écosystèmes

CHAPITRE 11 : Désertification en région
méditerranéenne 173

CHAPITRE 12 : Retour sur une catastrophe naturelle 189
CHAPITRE 13 : Haïti 2004 : l'année de tous les dangers 197
CHAPITRE 14 : Nauru : l'île maudite du bout du monde 205
CHAPITRE 15 : L'Aral, une mer en perdition 215

CINQUIÈME PARTIE

Le Bhoutan : un exemple de développement durable La préservation des écosystèmes

CHAPITRE 16 : Le Bhoutan, petit paradis écologique 229

Épilogue en forme de profession de foi 245
Remerciements 249
Bibliographie sommaire 251
Index du monde végétal 257
Index du monde animal 261
Index des noms de lieux 263
Index des noms de personnes et de peuples 267

DU MÊME AUTEUR

Les Médicaments, collection « Microcosme », Le Seuil, 1969. *Évolution et sexualité des plantes*, Horizons de France, 2e édition, 1975 (épuisé).

L'Homme renaturé, Le Seuil, 1977 (grand prix des lectrices de *Elle*. Prix européen d'Écologie. Prix de l'académie de Grammont), réédition 1991.

Les Plantes : amours et civilisations végétales, Fayard, 1980 (nouvelle édition revue et remise à jour, 1986).

La Vie sociale des plantes, Fayard, 1984 (réédition, 1985).

La Médecine par les plantes, Fayard, 1981 (nouvelle édition revue et augmentée, 1986).

Drogues et plantes magiques, Fayard, 1983 (nouvelle édition).

La Prodigieuse Aventure des plantes (avec J.-P. Cuny), Fayard, 1981.

Mes plus belles histoires de plantes, Fayard, 1986.

Le Piéton de Metz (avec Christian Legay), éd. Serpenoise, Presses universitaires de Nancy, Dominique Balland, 1988.

Fleurs, Fêtes et Saisons, Fayard, 1988.

Le Tour du monde d'un écologiste, Fayard, 1990.

Au fond de mon jardin (la Bible et l'écologie), Fayard, 1992.

Le Monde des plantes, Le Seuil, collection « Petit Point », 1993.

Une leçon de nature, L'Esprit du temps, diffusion PUF, 1993.

Des légumes, Fayard, 1993.

Des fruits, Fayard, 1994.

Paroles de nature, Albin Michel, 1995.

Dieu de l'Univers, science et foi, Fayard, 1995.

Les Langages secrets de la nature, Fayard, 1996.

De l'univers à l'être, réflexions sur l'évolution, Fayard, 1996.

Plantes en péril, Fayard, 1997.

Le Jardin de l'âme, Fayard, 1998.

Plantes et aliments transgéniques, Fayard, 1998.

La Plus Belle Histoire des plantes (avec M. Mazoyer, T. Monod et J. Girardon), Le Seuil, 1999.

La Cannelle et le Panda, Fayard, 1999.

La Terre en héritage, Fayard, 2000.

Variations sur les fêtes et les saisons, Le Pommier, 2000.

À l'écoute des arbres, photographies de Bernard Boullet, Albin Michel Jeunesse, 2000.

La vie est mon jardin. L'intégrale des entretiens de Jean-Marie Pelt avec Edmond Blattchen, émission *Noms de Dieux*, RTBF/Liège, Alice Éditions, diffusion DDB, Belgique, 2000.

Robert Schuman, père de l'Europe, éd. Conseil général de la Moselle et Serge Domini, 2001.

Les Nouveaux Remèdes naturels, Fayard, 2001.

Les Épices, Fayard, 2002.

L'Avenir droit dans les yeux, Fayard, 2003.

La Loi de la jungle (en collaboration avec Franck Steffan), Fayard, 2003.

Dieu en son jardin, Desclée de Brouwer, 2004.

La Solidarité chez les plantes, les animaux, les humains (en collaboration avec Franck Steffan), Fayard, 2004.

Achevé d'imprimer en août 2005
par ***Bussière***
à Saint-Amand-Montrond (Cher)

35-57-2414-7/01

ISBN 2-213-62214-0

Dépôt légal : septembre 2005.
N° d'édition : 61805. – N° d'impression : 053007/4.

Imprimé en France